育心铸魂

北京理工大学思想政治理论课建设史

主 编 郭丽萍
副主编 王 娟 祝猛昌 张 虹 张尔葭

北京理工大学出版社
BEIJING INSTITUTE OF TECHNOLOGY PRESS

版权专有　侵权必究

图书在版编目（CIP）数据

育心铸魂：北京理工大学思想政治理论课建设史／郭丽萍主编. --北京：北京理工大学出版社，2023.10
ISBN 978-7-5763-2941-4

Ⅰ.①育… Ⅱ.①郭… Ⅲ.①北京理工大学-思想政治教育-研究 Ⅳ.①G641

中国国家版本馆 CIP 数据核字（2023）第 190598 号

责任编辑：徐艳君	文案编辑：徐艳君
责任校对：周瑞红	责任印制：李志强

出版发行 ／ 北京理工大学出版社有限责任公司
社　　址 ／ 北京市丰台区四合庄路 6 号
邮　　编 ／ 100070
电　　话 ／ （010）68944439（学术售后服务热线）
网　　址 ／ http：//www.bitpress.com.cn

版 印 次 ／ 2023 年 10 月第 1 版第 1 次印刷
印　　刷 ／ 保定市中画美凯印刷有限公司
开　　本 ／ 710 mm×1000 mm　1/16
印　　张 ／ 10.75
字　　数 ／ 149 千字
定　　价 ／ 62.00 元

图书出现印装质量问题，请拨打售后服务热线，负责调换

序

建好思政课　铸魂育新人

教育是国之大计、党之大计，事关国家富强、民族振兴、社会进步。"培养什么人、怎样培养人、为谁培养人"是教育的根本问题。人才培养关键在立德，思想政治理论课程在其中发挥着重要作用，正如习近平总书记所指出："思想政治理论课是落实立德树人根本任务的关键课程。"

开设建好思想政治理论课这一关键课程，北京理工大学具有优良的历史传统和丰富的实践经验。北京理工大学的前身是诞生于延安的自然科学院，是党的历史上第一个开展自然科学教学与研究的专门机构。作为中国共产党创办的第一所理工科大学，学校开创了中国共产党创办和领导中国高等自然科学教育事业的先河。

在当时的历史条件下，自然科学院已经回答着"教育为谁培养人"的问题，面向新民主主义革命和抗日敌后根据地建设的现实需求，确立了"革命通才、业务专家"的人才培养目标。中华人民共和国成立之后，学校继承发扬这一办学传统，重视开展知识学习、钻研业务的同时，关注学生的信仰塑造和道德养成，聚焦于以德为先、德育首位的育人目标。

为此，学校一直以来高度重视马克思主义理论教育，重视思想政治理论课程的开设与建设工作。新民主主义革命时期，学校已经初步形成了思政课教育教学体系，在课程设置、教学内容、教育手段、师资力量等方面探索创新，积累了宝贵的历史经验。中华人民共和国成立之初，学校充实思政课师资队伍、提升课程建设水平，成为新中国高等理工院校思想政治理论教育教学的先行者。改革开放之后，学校进一步完善思政课程的领导体制、组织机制与课程体系，突出学校办学特色，形成了德育答辩等思政教育特色品牌。进入新时代以来，北京理工大学在建设中国特色世界一流大学的征程中，以习近平新时代中国特色社会主义思想为指导，加强经济社会发展中重大理论和实践课题研究，推进学科交叉融合，加快马克思主义学院建设，以学术研究为基础、以学科建设为平台、以学院发展为保障，推动思想政治理论课程建设水平不断提升。

立德树人课，铸魂育新人。北京理工大学在 80 余年的办学发展历程中，走出了一条中国共产党创办和领导中国特色高等教育的"红色育人路"，这就是：始终坚持中国共产党的全面领导，始终坚持马克思主义的根本指导，始终坚持立德树人的根本任务，始终坚持教育报国的价值取向，始终坚持理论联系实际的优良学风，始终坚持艰苦奋斗、创新包容的办学风格。

走好红色育人路，思政课程担重任。思政课是落实立德树人根本任务的关键课程，是实现马克思主义理论教育的主要渠道，是传承红色文化基因、弘扬优良学风作风的重要阵地。期待北理工全体思政人不忘为党育人、为国育才的初心使命，在新时代新征程中贡献更多智慧和力量。

包丽颖

2023 年 7 月

前言 Preface

1940年9月,延安南门外杜甫川迎来延安自然科学院首批学员,这个据说诗人杜甫曾经路居过的地方见证了中国共产党领导的第一所理工科大学的创建。与当时国统区和沦陷区的其他大学相比,延安自然科学院的重要特点之一是实施卓有成效的思想政治理论教育,通过开展马克思主义理论教育,影响和塑造青年学生的世界观和人生观,为新民主主义革命和建设培养"技术专家"与"革命通人"。

习近平总书记强调,"为谁培养人、培养什么人、怎样培养人"始终是教育的根本问题。正所谓"人有所信,方能行远",在当时的历史条件下,延安自然科学院"技术专家"与"革命通人"的人才培养目标正是对这一教育根本问题的有力回答,而实现人才培养目标的重要途径就是开展政治思想教育,其中政治理论课程的作用不可替代。延安时期的思政课程开设成为北京理工大学思政课程建设的起源和发端,其实践传统与经验模式影响至今。

中华人民共和国成立之后,继承学校历来高度重视马克思主义理论教育的优良传统,得益于学校思政课程开设的实践积累,北京工业学院成为新中国高等理工院校思想政治理论教育的先行者。为了适应改革开放和社会主义现代化建设的新需要,1978年后,学校完善思想政治理论课的领导体制与课程体系,在世纪之交形成以德育答辩为代表的思政教育特色措施。进入新时代,在扎根中国大地建设世界一流大学的新征程中、在学校大思政的格局里，学校思想政治理论课程建设抓住机遇、快速发展，领导组织形成新机制，教学改革打造新特色，学科建设实现新突破，师资队伍落实新要求，思想政治理论课程建设硕果累累，捷报频传。

回首学校红色育人、强军报国、创新发展的 80 余年历程，聚焦新时代落实立德树人根本任务，思想政治理论课程始终是主渠道和主阵地；实现"两个一百年"宏伟目标，培养担当民族复兴大任的时代新人，思想政治理论课程仍然是育心铸魂的关键课程。回望历史，可以汲取力量，助力前行。新时代的北理工思政人正投身于为党育人、为国育才的大事业，为培养听党话、跟党走的复兴栋梁和强国先锋贡献力量。

本书在北京理工大学党委宣传部的统筹组织、北京理工大学科学研究院的项目支持下启动完成，北京理工大学马克思主义学院也给予了大力支持。全书各章撰写任务的具体分工是：第一章郭丽萍，第二章王娟，第三章祝猛昌，第四章张虹，第五章张尔葭，第六章郭丽萍。全书由郭丽萍修改统稿。

本书编委会

2022 年 7 月

目录

- **第 1 章　绪论** / 001

    1.1　党办大学的初心与使命 / 001

    1.2　思政课程与红色育人模式 / 004

- **第 2 章　战争年代的思想政治理论教育与教学** / 009

    2.1　延安自然科学院的成立及辗转办学 / 009

    2.2　红色大学创办与徐特立的思政教育思想 / 016

    2.3　革命岁月里思想政治理论课教学的特色与成就 / 022

- **第 3 章　社会主义革命和建设时期思想政治理论课程建设的起步和发展** / 051

    3.1　新中国成立之初北京工业学院思想政治理论课程开设的背景 / 051

    3.2　北京工业学院思想政治理论课的开设情况 / 056

    3.3　思想政治理论课程体系的建设及其经验 / 071

育心铸魂
——北京理工大学思想政治理论课建设史

- 第 4 章　改革开放之后思想政治理论课程建设与探索 / 075

    4.1　拨乱反正中起步的思政课教育与教学 / 076

    4.2　"85 方案"实施中思想政治理论教育教学的发展演变 / 083

    4.3　依托"98 方案"深化北理工思政课程改革 / 097

- 第 5 章　"05 方案"下的北理工思想政治理论课程的改革与创新 / 106

    5.1　新世纪开启思政课建设新征程 / 106

    5.2　新形势下大力推进思政课建设 / 114

    5.3　新时代思想政治理论课程的深化改革与创新成果 / 122

- 第 6 章　北理工思想政治理论课程建设的特色和经验 / 144

    6.1　北理工思想政治理论课程建设的鲜明特色 / 144

    6.2　北理工思想政治理论课程建设的主要经验 / 156

第1章 绪 论

北京理工大学是一所从延安走来的学校，其前身可追溯到1940年成立的延安自然科学院。延安自然科学院是中国共产党在新民主主义革命时期创办的第一所开展自然科学教学与研究的专门机构，是中国共产党领导创办高等自然科学教育的开端，在中国近现代高等教育史上具有重要的历史地位，其创设发展历程见证着共产党人为中华民族独立富强而奋斗的初心和使命。

1.1 党办大学的初心与使命

当今世界各国综合国力的竞争说到底是人才的竞争，谁能培养和吸引更多优秀人才，谁就能在竞争中占据优势。习近平总书记一直十分关注中国高等教育培养什么人、怎样培养人、为谁培养人的问题，他在党的十九大报告中提出"培养担当民族复兴大任的时代新人"的命题；2018年9月全国教育大会上，他强调要扎根中国大地办教育，必须把培养社会主义建设者和接班人作为根本任务；2021年4月，他在清华大学考察时再次强调，坚持走中国特色社会主义教育发展道路，坚持中国特色世界一流大学建设目标方向。新时代如何发扬中国高等教育发展的优良传统、如何在大学建设中突出中国特色，我们有必要回溯革命年代中国共产党创办高等教育的奋斗历程，从其实践探索中获得解决如上问题的历史经验和精神力量。

新民主主义革命时期，为满足边区和根据地政权建设的需要，中国共产党创办了一批具有现代大学性质的高等院校，北京理工大学的前身——延安自然科学院就是其中一所。与之前或脱胎于教会学校、或源于政府创办、或私人投资设立的各类大学相比，中国共产党创办的高等学校自成立之始即具有鲜明的特色，在办学方向、培养模式、人才目标与精神传统等方面开创了中国大学发展新的模式，体现着党办高校教育的育人初心和使命担当，为中国特色的现代大学制度储备了红色基因，为当代中国高等教育的形成发展奠定了基础。

首先，保障坚定正确的政治方向。延安时期创办高校的直接目标是为中国共产党领导的抗战救国、为中华民族的彻底解放而培养人才，为达成这一育人目标首先需要坚定正确的政治方向。各校在教育中强调以马克思主义为指导，坚持党的领导。延安自然科学院从筹建伊始就在党中央的直接领导之下，党组织的引领、检查和督导保障了教学的正确方向、教育的计划执行，党的组织确保了党员和先进分子的先锋模范作用；学校要求所有教职员工都必须具有坚定的马克思主义信仰，并通过开设相关理论课程使学生形成马克思主义的人生观与价值观。总的来看，学校以多种形式保障了马克思主义的办学方向。

其次，确立以德为先的培养目标。延安各校创办之初，党中央即提出培养又红又专、以德为先的人才要求。中共中央曾指示，"学校一切工作，都是为了转变学生的思想，因此教育应当是中心""政治教育是中心之一环"。[①] 各校始终把德育放在教育工作的首位，通过思想政治教育，帮助学生树立对马克思主义的坚定信仰，形成辩证唯物主义的世界观，培养学生的社会责任感。谈到延安自然科学院的政治学习，有毕业生回忆说："我从一个爱国主义者，到认识共产主义是人类美好的未来、作为终身奋斗目标，从入党到有一定马克思主义思想，经历了一段艰苦的学习过程。几十

---

① 中共中央《关于整理抗日军政大学问题的指示》，转引自曾鹿平《重温高等教育"延安模式"》，《中国社会科学报》2017年2月22日。

年来自己之所以能遵循党的教导,做一点工作,延安学习有决定意义。"①育人为本、立德为先的培养目标,在革命年代使许多学生坚定了共产主义信仰,成长为坚守理想、甘于奉献、勇担重任的革命一代,这也成为未来中国社会主义高等教育立德树人模式的源头。

再次,贯彻学以致用的办学理念。延安时期各高校的创办直接源于抗战救国的需要,因而具有了强烈的服务国家战略、满足军事经济社会需求的导向。延安自然科学院办校之初,毛泽东即指导说:"科学院要一面在工厂实习中学习实际知识,一面改造思想,做学统一。"徐特立也说:"我们要与军工局、建设厅等机关所属的各工厂、农场密切地联系起来,把理论与实际做到真正联系。"② 当年自然科学院的招生启事即宣明,学校"以培养抗战建国的技术干部和专门技术人才为目的"。当时的高等教育人才培养确实做到了集教学、科研、生产于一体,充分显示了科学技术在经济建设中的重要作用,尝试着在科技教育中将理论与实践紧密结合。1949 年之后,中国大学继承并发扬这一办学理念,为中国特色社会主义建设培养了大量优秀人才。

最后,发扬自力更生、艰苦奋斗的办学精神。延安时期各校办学条件极端困难,1938 年 3 月毛泽东在《援助陕北公学》中说:"这个学校无任何公私财政基础,教员学生们都只吃小米饭,而且不能经常吃。"③ 各校响应"丰衣足食,为改善物质生活而斗争"的号召,发扬自力更生和艰苦奋斗的革命英雄主义精神,不仅自救互救帮助学校渡过难关,还为边区建设和革命战争做出巨大贡献。延安自然科学院的师生参加边区多项兴修水利灌溉和修建水坝的工作,参与延安造纸技术改进与造纸工厂的设计等。

延安各校的创办开创了我党领导和组织高等教育的先河,在中国高等

---

① 延安自然科学院史料编辑委员会《延安自然科学院史料》,中共党史资料出版社 1986 年版第 325 页。
② 转引自陈宗海《徐特立与延安时期的教育》,《北京理工大学学报(社会科学版)》2011 年第 6 期。
③ 薛义忠、张金锁《延安时期中国共产党创办新型高等教育的探索》,《中国高校社会科学》2019 年第 5 期。

教育史上留下了光辉的一页，为党的各项事业培养了大批干部和专门人才，为争取抗战胜利和人民解放事业做出了重大贡献。回顾这段历史，我们发现，早在新民主主义革命时期，党办大学已在探索高等教育"为谁培养人""怎么培养人""培养什么样的人"等问题。

在保障坚定正确的办学方向，确立以德为先的培养目标，贯彻学以致用的办学理念，发扬自力更生、艰苦奋斗的办学精神的过程中，各校也开始了高校思想政治教育的实践探索，结合中国共产党的路线、方针、政策来进行马克思主义理论教育，彰显马克思主义理论知识在改造现实世界中的重要作用，使中国化马克思主义深入人心。思想政治理论课程就是当时开展思想政治教育的重要途径和阵地，各校在思政课教学中，运用马列主义理论和方法分析中国社会性质和历史发展走向，理解中国革命面临的形势与任务，总结中国革命经验进而树立革命必胜的信心。通过系统开设思想政治理论课程，使学生较系统地了解马克思主义的理论和方法，为他们走出校门、投身革命与建设打下良好的思想基础，切实为中国革命与建设培养了建设者与接班人。开设思想政治理论教育课程也成为中国特色高等教育的独特经验，保障新中国高等教育的发展方向。

1.2 思政课程与红色育人模式

北京理工大学自创办之始即体现着中国共产党创办大学的初心与使命，自延安创校至今卓有成效的政治思想教育在红色育人模式中发挥着重要作用，围绕着培养什么人、为谁培养人、如何培养人等问题形成了突出的办学特色和经验。

当年学校开设思想政治课的初衷即是培养什么人的问题。1939年，由于日本对华政策的改变，敌后战场开始成为抗日战争的主战场，加之国民党制造反共高潮，陕甘宁的边区财政和人民生活都遇到严重困难。在这一背景下创建自然科学院的任务即"培养通晓革命理论，又懂得自然科学的专业人才"，育人目标即既是"技术专家"又是"革命通人"。这里的"革命通人"，应该了解中国革命的历史和现状，树立振兴国家、服务人民的理想信仰，养成新民主主义的革命立场，形成马克思主义实事求是的工作作风等。甚至，"革命通人"不仅着眼于为新民主主义的政治、经济、文化建设做贡献，鉴于对中国革命的远见卓识和坚定信心，1942年关于自然科学院办学方针的讨论中已经提出了兼顾为将来的新中国培养人才的问题，这里可见社会主义接班人和建设者的育人目标的萌芽。这样的人才目标完全不同于当时国统区和沦陷区的其他大学。

如何才能让学生"通晓革命理论"，主要方式就是开设思想政治理论课。最初，开设的课程有"中国革命问题""革命文选课""时事教育"等，政治理论课的学习时间一度占到全部学习时间的三分之二。1944年后学校政治理论课程调整为4门。开设"边区建设概论"，组织学生学习边区建设的历史、现状与前景，了解当前的目标与任务，培养对于边区建设的思想情感与奉献热情；设置"中国革命史"一课，系统讲授中国革命的历程，尤其是中国新民主主义革命的性质、领导者、动力、前途，新民主主义的政治、经济和文化纲领等，激发学生投身中国革命的自觉性；在"革命人生观"课程中，系列安排了自然发展史略、社会发展史略以及实践问题，贯穿着历史唯物主义和辩证法的思想；"时事教育"课程引导学生关注时局变化，理解形势走向，使学生的思想状态与革命形势发展同步推进。

通过系统的思想政治理论课程的开设，深化了学生对于新民主主义革命理论与现实的认知，提高了学生的政治思想觉悟水平。延安时期服务"革命通人"培养的思想政治理论课程的设置运行形成一定的经验模式，为当今扎根中国大地办高等教育提供了现实借鉴。

第一，坚持党对思想政治理论课的坚强领导。延安自然科学院是在党中央直接领导和亲切关怀之下创办起来的，1941年中共中央政治局《中共中央关于延安干部学校的决定》中强调"延大、鲁艺、自然科学院直属中央文委"，"中央宣传部对各校课程、教员、教材及经费，应协同各主管机关进行统一的计划、检查与督促。"[①] 中央领导同志都非常支持学校的各项

[①] 《中共中央关于延安干部学校的决定》，中共中央文献研究室、中央档案馆《建党以来重要文献选编（1921—1949）（第十八册）》，中央文献出版社2011年版第762页。

工作，包括学校的思想政治教育教学工作。毛泽东、张闻天、朱德、叶剑英等都曾到学校开展讲座，甚至兼任思政课程教师，把马克思主义理论、党的方针政策带进思政课堂。

今天，北京理工大学的思政课程建设继承和发扬了这一优良传统，学校建立了由学校党委书记、校长带着抓思政课的工作机制，实行校领导登台讲授思政课的制度，坚持把思政课建设作为党的建设和意识形态工作的标志性工程摆上重要议程，确保了思想政治理论课的正确政治方向。

第二，思想政治理论课是实施政治思想教育的主阵地。为了培养"革命通人"，学校非常强调理论教育与实践教育结合、显性教育与隐性教育兼顾，其中开设思政政治理论课程是实现理论教育、显性教育的主渠道与主阵地。在课程学习中贯穿着两大类型的内容：一是通过学习辩证唯物主义、社会发展史、中国革命史等，学生较系统地掌握马克思列宁主义、新民主主义革命理论等理论知识、观点方法，进而树立共产主义信仰。这样，在当时有限的条件下能在一定程度上保证思想政治理论课的系统性。二是随着时局的变化情况、依据学生的思想转变程度，开展时事政治的教育教学，使学生及时把握中国革命运动中的实际问题与现实应对，理解中国抗日战争的大形势与共产党领导新民主主义革命的大趋势，由此激发他们的爱国主义精神与投身革命事业的热情，培养出一批批坚定的马克思主义者。这就体现着思想政治理论课的实效性。

中华人民共和国成立伊始，国家即要求各高校"开设新民主主义革命的政治课程"，建立起思想政治理论教育的课程体系[1]，后来随着时代发展，思政课程内容和体系不断完善创新。时至今日，做好新时代高校思想政治工作，仍要切实发挥思想政治理论课的主渠道作用，正如习近平总书记所说，"思想政治理论课是落实立德树人根本任务的关键课程。"[2]

第三，思想政治理论课务必服务于党和国家的中心任务。思想政治理论课的目的在于铸魂育人，党和国家的现实需要决定着高等教育的育人目

---

[1] 何东昌《中华人民共和国重要教育文献》（1949—1975），海南出版社1998年版第48页。
[2] 《习近平谈治国理政》，外文出版社2020年版第329页。

标,而育人目标决定着铸魂内容。延安时期,党的中心任务是夺取抗日战争与新民主主义革命的胜利,自然科学院的思想政治理论课从帮助青年确立革命人生观入手,着眼于抗战建国的革命大目标。

1949年后学校的思政课程建设也一直秉持这一传统,坚持围绕时代发展主题,服务学校培养目标,思政课程的教学方式改革和教学内容充实都瞄准为国家经济社会发展和国防建设培养接班人和建设者的育人目标。新时代学校的思想政治理论课教学创新、马克思主义理论学科建设也是紧扣时代脉搏,努力做到"想国家之所想、急国家之所急、应国家之所需",为实现中华民族的伟大复兴培育时代新人。

第四,思想政治理论课教育教学需要不断改革创新。延安自然科学院建院之初,即在思政课程的设置、内容、方法等方面因地制宜,求实创新,培养出一批批坚定的马克思主义者。教学内容方面,把学习马克思列宁主义基本原理与了解时事政治相结合,使青年学生通晓中国革命道理,坚定人生理想信念,明确肩头使命担当;课程设置方面,系统的课程安排与随机的讲座报告相结合,系统学习能帮助学员提升理论水平和认识能力,讲座报告发掘利用了延安军政干部队伍中丰富思政的教学资源,其内容更具时局针对性;教学方法方面,坚持请进来与走出去相结合,除了党中央领导、军政干部,从前方归来的抗日将士、英雄模范也常被请进思政课堂。同时鼓励学生课内理论学习与课外实践体验并重,在革命斗争中锤炼精神,培养与工农群众的深厚感情。

面向时代需求探索教学改革、结合办学实际尝试特色教学、发挥资源优势创新思政教学,是北理工前辈们在革命年代的思政课程教育教学中的经验探索。新时代北理工人也特别注重延安根、军工魂的历史传承,思政课教育教学硕果累累,教学改革创新走在全国高校前列。

第五,思政课程建设必须有一支政治素质过硬的教师队伍。延安时期,专职思政课教师相对比较缺乏,但可资利用的思想政治理论课兼职教师队伍资源丰富,除了由学校主要负责人带头讲授,党的重要领导人也时常到校作时事形势的报告,与此同时学校还会聘请外校教师担任授课教师。这些专兼职教师政治素质强,理论素养深,真信真懂马克思主义,政治立场坚定，富有革命实践经验。正是在这样一批高素质教师队伍的努力下，延安时期各高校思政课程教学取得优异的成绩。

中华人民共和国成立之后，党和政府把培养思想政治理论课教师作为大事来抓，逐渐形成了一支优秀的思想政治理论课教师队伍，为培养社会主义建设者和接班人发挥了重要作用。在迈向中华民族伟大复兴的新时代，习近平总书记尤其重视思政课教师队伍建设，在学校思想政治理论课教师座谈会上他特别强调，思政课教师责任重大，应具备政治强、情怀深、思维新、视野广、自律严、人格正等方面的基本素质。北京理工大学在80余年发展历程中涌现过许多爱岗敬业的优秀思政课教师，目前已经形成一支政治素质硬、科研能力强、教学质量高、团队意识浓、学历层次高、学缘结构好的思想政治理论课教学队伍。

如今，在中华民族实现"两个一百年"奋斗目标和中华民族伟大复兴的征程中、在全党开展党史学习教育活动之际，重温党办高等教育的拳拳育人初心，总结北理工80余年办学历程中形成的红色育人模式，将会推进新时代思想政治理论课程的不断发展，再创辉煌。

第 2 章　战争年代的思想政治理论教育与教学

北京理工大学的前身是延安自然科学院，思想政治理论教育教学的历史也起始于延安自然科学院。在中华人民共和国成立前，延安自然科学院及其在华北地区辗转办学时期思政课建设的实践、成就及历史经验，对于今天北京理工大学思政课的守正创新发展具有重要的奠基作用和启迪意义。

2.1　延安自然科学院的成立及辗转办学

2.1.1　延安自然科学院的成立

延安自然科学院是在极其艰难的战争环境中创办起来的。1938 年 10 月，日本侵略者占领广州、武汉之后，中国的抗日战争形势出现了重大的转折，中国人民的抗日战争进入相持阶段。日本帝国主义将对华政策调整为"以战养战""以华制华"战略，并停止了对国民党战场的进攻，把主要力量转移到中国共产党领导下的解放区战场。

在这种形势下，1939 年 1 月，国民党召开了五届五中全会，决定将政策重点转向解放区，掀起了反共高潮。蒋介石集团转向消极抗战、积极反共，对中共中央所在地陕甘宁边区实行军事进攻和经济封锁。陕甘宁边区本就是地广人稀和经济较为落后的地方，基本上没有什么工业，一些必需的生活资料和生产资料，如钢铁、布匹、农具、纸张、火柴、肥皂等都要由外地输入。国民党停发军饷和实行经济封锁给陕北尤其是给延安的财政经济和人民生活造成了很大的困难，正如毛泽东后来在总结这一时期的困难时所说的："我们曾经几乎没有衣穿，没有油吃，没有纸，没有菜，战士没有鞋袜，工作人员在冬天没有被盖。国民党用停发军费和经济封锁来对待我们，企图把我们困死，我们的困难真是大极了。"[1]

陕甘宁边区是中共中央在抗战时期建立的模范根据地，延安作为中国共产党领导全国抗战的中心，是全国乃至世界关注的一个政治中心。面对艰苦的形势，为扭转当时的困难局面，促进陕甘宁边区经济的发展以及保证抗战的军需，从而走出抗战困境，中共中央在新的历史条件下，确定了"自力更生、发展边区经济"的方针，号召边区人民掀起大生产运动，粉碎敌人的封锁和进攻，把抗日战争进行到底。

当时中央主管经济工作的李富春同志，深感提升生产力迫切需要一批专门的科技力量，他向中央提出成立延安自然科学研究院，动员、吸收部分科技人员和青年学生到陕甘宁边区学习和工作，集中科技人才，整合科技力量。1939年5月党中央做出决定，在延安创办自然科学研究院[2]，开展科学研究工作，以协助边区政府发展经济、军事、文化等建设事业，解决物资困难，改善人民生活。在中共中央书记处的批准与支持下，延安自然科学研究院开始筹建。因此，延安自然科学研究院（即延安自然科学院的前身）的创办就是为了满足抗日战争的需要，满足陕甘宁边区经济社会发展的需要。

1939年6月，中国共产党领导下的第一个专门科研机构——延安自然科学研究院正式成立，院址设在延安新市场中央财政经济部部内。中央财政经济部部长李富春兼任院长，从德国留学回来的有机化工博士陈康白任

---

[1]《延安自然科学院》，《延安自然科学院史料》第2辑，北京工业学院，1985年，第1页。
[2]《中共中央决定成立延安自然科学研究院》，《新中华报》1939年5月30日。

副院长和筹建小组组长①。延安自然科学研究院的主要任务是协助陕甘宁边区发展科学技术事业和工业生产。延安自然科学研究院成立后，中共中央从各条战线抽调科学技术专家投入工作。在中央组织部、边区各单位的大力支持下，延安自然科学研究院形成了边区最强的科研队伍，人才涵盖各个领域，大部分人拥有大学学历，还有不少人具备留学背景和博士学位。但是由于人才缺乏，开展各项科研工作的力量还是很不够的，于是通过办学校培养科技人才的任务很快提上了议事日程。

1939 年 12 月到 1940 年 2 月，延安自然科学研究院连续召开讨论会，主要讨论边区物质经济建设发展的方向问题，对边区经济建设和抗战生产问题进行了深入讨论。中央领导陈云、吴玉章等同志亲临指导。与会者建议党中央在边区创办高等学校，解决科技人才匮乏的当务之急，建议把自然科学研究院改为自然科学院，培养边区自己的科技人才。陈云、李富春等中央领导同志，积极支持大家的建议。毛泽东等领导同志亲临大会并讲话。

1940 年 3 月，中共中央书记处同意将延安自然科学研究院改为自然科学院，任务是"培养既通晓革命理论又懂得自然科学的专业人员、理论与实践统一的人才"②。自然科学院招生启事明确地规定办院宗旨：本院以培养抗战建国的技术干部和专门技术人才为目的③。这样，中国共产党创办的第一所理工农综合大学就在延安诞生了。初建之时，延安自然科学院的筹建班子由副院长陈康白、教育处处长屈伯川、干部处处长卫之、总务处处长陈宝诚、杨作材等组成。院址在延安城南杜甫川的山坡上。1940 年 5 月开始招生，9 月 1 日举行开学典礼并正式上课，第一任院长是李富春。不久由著名革命教育家徐特立接任院长。延安自然科学院在 50 余个窑洞、

---

① 《延安自然科学院史料》，北京理工大学校史丛书第一卷，北京理工大学出版社 2018 年版第 2 页。
② 《从延安走来》，北京理工大学校史丛书第九卷，北京理工大学出版社 2018 年版第 1 页。
③ 《培养科技干部的摇篮》，北京理工大学校史丛书第八卷，北京理工大学出版社 2018 年版第 8 页。

育心铸魂

——北京理工大学思想政治理论课建设史

30 余间平房的办学条件下,由 100 余位师生员工克服困难开办起来①。

延安自然科学院是陕甘宁边区进行自然科学教学的最高学府,又是进行自然科学学术活动的中心,同时设有自然科学编译社、自然科学研究会等科研机构和学会。院内还建立了科学馆、图书馆,许多学术报告会、讨论会、专题讲座都在这里举行。延安自然科学院按照学科的性质和当时及长远发展的需要,建立物理、化学、生物、地质等实验室,办起机械、化工实习工厂,与边区的主要农场、工厂有密切联系。

延安自然科学院设有大学部、中学部。中学部分为预科和初中(补习班)两个部分,主要任务是为大学部输送学生。大学部注重精研学理与实际技术相配合,最初设化学工程科、土木工程科、农业科、林木科(即物理、化学、生物、地矿四个系,后改为机械、化工、农业三个系)。大学部的课程设置:一年级主要学习普通物理、普通化学、高等数学、工程制图、外语、政治理论课等基础课程②;二、三年级按各科的实际情况学习技术基础课程和专业课程。选用当时国内著名大学使用的中、英文版教材和参考书,有的课程由教师自编教材。大学部学制开始定为两年,后改为三年。前后进入延安自然科学院学习的学员有五百余人。

延安自然科学院全体师生在党中央的直接领导下,在这个革命的大集体中,艰苦奋斗,自力更生,不仅建设了校舍、实验室和实习实践基地,还制订了教学计划,编写了教材;而且在极其艰苦的条件下,取得了一批科技成果,满足了当时抗战和边区建设的需求。延安自然科学院诞生于革命根据地延安,开创了我党领导和组织高等理工科教育的先河。它在当时为革命战争与边区经济发展做出了重要贡献,也为此后建设新型的社会主义理工科大学以及党领导下的思政课建设提供了宝贵的历史经验。

---

① 《延安自然科学院史料》,北京理工大学校史丛书第一卷,北京理工大学出版社 2018 年版第 5-6 页。

② 《培养科技干部的摇篮》,北京理工大学校史丛书第八卷,北京理工大学出版社 2018 年版第 5-9 页。

2.1.2 延安自然科学院的辗转办学[①]

1943年,陕甘宁边区处于精兵简政和调整时期。3月16日,中共中央西北局常委召开会议,决定将延安大学、鲁艺、自然科学院、民族学院及新文字干部学校五校合并,仍叫延安大学,设于现在的桥儿沟鲁艺校址,内分鲁迅文艺学院、自然科学院、社会科学院、民族学院与新文字干部研究班等,由周扬担任校长,划归中共西北局直接领导。自然科学院由陈康白担任院长。

1945年8月日本侵略者无条件投降后,根据形势的变化,党中央为夺取全国胜利,加速人才培养,根据中共中央的战略部署,决定延安大学的三大学院——鲁迅文艺学院、自然科学院和行政学院及校本部向东北、华北解放区迁移。1945年11月15日,自然科学院师生120多人从延安出发,沿黄河行进,经过雁北向东北迁移。这支"不带枪的八路军"经过一个多月的长途行军,于年底抵达张家口。由于山海关、承德、锦州等地已被国民党军占领,走交通大道去东北地区已不可能,同时考虑到晋察冀边区的需要,中央决定自然科学院留在华北继续办学。当时担任晋察冀中央局书记、晋察冀军区司令员的聂荣臻同志请示中央后,自然科学院滞留在这里,为晋察冀边区培养技术人才。

1946年1月,受革命战争形势的影响,自然科学院与晋察冀边区工业职业学校合并,改名为晋察冀边区工业专门学校。同年9月下旬,张家口被袭,学校转移到蔚县暖泉镇,沿途曾遭敌机轰炸。11月初学校奉命又迁移到建屏县柏岭镇,把晋察冀边区工业学校与晋察冀边区铁路学院合并,成立晋察冀工业交通学院,直属边区行政委员会领导,在极端艰难的条件下坚持办学。1947年秋,边区工业局决定,晋察冀工业交通学院的预科班搬到河北井陉,定名为晋察冀边区工业学校。学校在极端恶劣的战争环境下辗转办学,坚持为革命战争服务,显示出它强大的生命力。这段驰骋千

[①] 《培养科技干部的摇篮》,北京理工大学校史丛书第八卷,北京理工大学出版社2018年版第38-54页。

育心铸魂
——北京理工大学思想政治理论课建设史

里、转战华北育英才的独特经历就是北理工校史上著名的"马背大学"的办学佳话。

在自然科学院辗转华北办学的同时，晋冀鲁豫边区于1946年年初成立北方大学。北方大学是晋冀鲁豫边区政府为"培养全心全意为人民服务，从事建国工作的各项人才"而开办的，由著名学者范文澜任校长，下设工、医、农、财经、行政、文教、艺术等学院和研究院，面向新解放区中等学历以上的知识分子招生。1946年4月，根据形势发展的需要，北方大学工学院在晋冀鲁边区邢台成立。工学院在北方大学各学院中建立得较早，第一期有二百余名学员。北方大学工学院在当时的战争环境下先后在河北邢台、山西长治、山西潞城的李村和故漳等地辗转办学，在两年多的时间里培养了一批技术人才。

1948年，随着解放战争形势的转变，为迎接革命的胜利，中央决定晋察冀与晋冀鲁豫两个解放区合并，成立新的党、政、军领导机构，两个边区的经济、文化等机构也陆续实行合并。8月，晋察冀的华北联合大学与晋冀鲁豫的北方大学合并，命名为华北大学，归晋察冀边区行政委员会管理。10月，为加快解放区的教育发展并为建设新中国做准备，晋察冀边区工业学校与北方大学工学院在河北井陉合并，成立华北大学工学院，培养具备新的技能和本领、善于管理的工业干部和技术人才。华北大学工学院直属华北人民政府公营企业部领导，原晋察冀军区工业部部长刘再生任院长，恽子强、曾毅任副院长。这两所中国共产党创办的理工科大学从此联合起来，以崭新的面貌，踏着中国人民解放战争胜利进军的步伐，迎接新中国的诞生[①]。

华北大学工学院的成立使学校的发展进入新的阶段。它以解放区的教育经验为基础，形成了以"理论与实际结合""政治与技术结合""通才与专才结合"为主体的办学思想与教学方针，具有鲜明的特色，是华北人民政府领导下的一所综合性大学。华北大学工学院曲折而迅速地发展，形

---

① 《从延安走来》，北京理工大学校史丛书第九卷，北京理工大学出版社2018年版第26－34页。

成了一所系科较齐全的重工业工科高校。华北大学工学院是新民主主义高等工程教育的重要组成部分，作为一所新型的正规的高校，它是在党领导下办学的典范，是为人民大众服务的高等教育机构。

解放前夕，根据革命形势，华北大学工学院迁入大城市已成定案，由于平津较早迎来解放，因此，学院迁到北平。1949年5月底，曾毅副院长受命接管北平中法大学，迎接全国解放的繁重而光荣的任务。1949年7月至9月间，华北大学工学院奉命分批迁入解放后的北平。为满足当时重工业建设的需要，学校在原有的机电班、冶金班、预备班、高职部等班级的基础上，又增设了物理探矿班和俄文专修科。1949年10月1日师生参加了开国大典。中华人民共和国成立以后，学校划归中央人民政府重工业部领导，为重工业建设和发展服务，培养具有理论联系实际、掌握现代科学技术成就、全心全意为人民服务的高级工程干部，自此走上了崭新的社会主义发展道路。

回望延安自然科学院的历史，它诞生于战争烽火中，从延安走来，在太行山成长壮大，具有光荣的革命传统。延河儿女，历经坎坷；长城内外，转战千里，最后汇聚于华北大学工学院，为我国高等教育事业做出了可歌可颂的奠基性的贡献，实现了从"抗战建国"到"为新中国建设服务"办学方针的转变，留下了光辉的历史印记。随着时局的变化，延安自然科学院在华北等地几迁校址，几易校名，但为战争军需和当地民用服务的初心始终未曾改变。随着形势的发展，以及革命战争的需要，延安自然科学院的教师与同学们始终勇往直前，完成各项科研任务。究其原因，就在于延安自然科学院在党的领导下，坚决贯彻执行党的教育方针和路线，坚持又红又专、理论联系实际的办学方向，长期进行坚强有力、深入细致、生动活泼、富于成效的思想政治教育教学工作[①]。

[①] 《晋察冀边区工业专门学校史料》序言，北京理工大学校史丛书第二卷，北京理工大学出版社2018年版第1页。

2.2 红色大学创办与徐特立的思政教育思想

延安自然科学院办学时期，一批革命家、党的重要领导干部以及学校不同时期的领导，都非常重视学校的思想政治教育工作，他们开创性的思想政治教育思想对北京理工大学后来的思政课建设产生积极的影响。徐特立同志是党的新民主主义革命教育事业和新中国社会主义教育事业的重要奠基人，他从事教育工作 70 多年，形成了非常丰富的教育学说[1]，特别是他关于思想政治教育方面的思想、观点与主张等，值得重点回顾总结与继承发扬。

徐特立是对 20 世纪中国教育事业产生极大影响的一位教育家，也是我党思想政治教育事业的先驱者。他积累了丰富的教学经验，形成了一套完整的教育理论体系，为新中国的革命事业和建设事业培养了大批优秀人才。他极其重视运用马克思主义科学理论与方法，培养学生的马克思主义宇宙观，提高学生的无产阶级思想觉悟等，他的教育思想始终渗透着马克思主义辩证唯物主义和历史唯物主义的智慧。此外，在新民主主义及社会主义教育事业的实际发展中，徐特立的教育思想也表现出极强的科学性和实践性，对 20 世纪中国共产党革命时期以及中华人民共和国成立初期的教育政策、教育方针产生了极大影响。

1940 年冬，徐特立担任院长，在延安自然科学院开始了"教育家办学"、革命教育家办红色大学的光辉历程。徐特立来校后，从教育方针到课程设置，从思想政治教育工作到后勤工作，他都亲自过问、具体安排。之后三年，徐特立与延安自然科学院共同走过了一段拓荒创业的道路，也成就了徐特立思想教育工作的一个巅峰时期。徐特立于 1941 年 1 月至 1943 年 11 月担任延安自然科学院院长的期间，遵照党中央的指示，坚持办好我党开办的第一所自然科学方面的高等学校，为革命和建设培养了一批又红又专的科学技术干部。徐特立在创办和领导自然科学院的整个过程

---

[1] 戴永增《徐特立思想政治教育理论的学习与思考》，《高等教育研究》1991 年第 1 期。

中，将自己丰富的教育工作经验和中国革命根据地的实际情况相结合，对教育事业提出了许多优秀的见解。

徐特立具有渊博的学识、丰富的教育经验、很高的马列主义理论水平，对欧洲大陆、苏联、日本的高等教育有深入的研究。他对延安自然科学院的办学方针、教学计划、课程设置、考试制度、政治教育、生产劳动、科学研究、学校校风、师生生活等都有精辟的观点和切实的措施。他的办学思想、教育思想具有超前意识，并厚泽后代。特别是他在思想政治教育方面的思想与实践经验，具有鲜明的时代特色，做出了开拓性的历史贡献。概括而言，大致有以下几个特点：

第一，坚持以马列主义指导思政教育，注重提升学生的马列主义理论水平。

延安自然科学院时期，学校的教师和学员虽然大多是积极主动投身革命的知识分子、青年学生以及革命干部或者烈士的子女，都怀有极高的革命热情，但要成为一名无产阶级革命的科技人才，他们还需要掌握马克思列宁主义的基本理论，树立正确的世界观和人生观。徐特立十分重视这一点，他说，"拿马克思的宇宙观来分析每一个具体问题，这才是思想教育的真谛"；他还强调说，学校的思想教育，"要把马克思主义的辩证唯物论和唯物史观（即马克思主义的宇宙观），贯彻到学校各科课程和实际生活的各方面，以使学生能够独立地运用马克思主义的宇宙观去处理他们学习及日常生活的一切问题"[①]。他要求学生通过对马列主义理论的学习，培养高尚的人格，从而树立坚定的革命理想信念。徐特立主张思想政治教育的主要内容包括世界观教育、革命理想教育和艰苦奋斗教育等几个方面。他要求广大师生努力学好马列主义的辩证唯物论和历史唯物论，树立正确的人生观和世界观。他教育学生们，要学习马列主义的精神实质和立场、观点、方法。

无产阶级要发展自己的科学事业，就不能寄希望于没有经过思想改造、没有改变阶级性的资产阶级人才，因此，在学习业务知识的同时，必

[①] 武衡、谈天民、戴永增《徐特立文存》第4卷，广东教育出版社1995年版第44、28页。

须高度重视学生的思想政治素质和道德品格的养成。徐特立认为教育重在德育，育人德为首，即思想品德和政治理论的教育最为重要。徐特立多次向学生们谈道："我们办科学院不仅传授知识，更重要的是育人，使同学们成为掌握科学技术并具有崇高共产主义理想的人才，好为抗战建国，为共产主义事业英勇奋斗。"他明确指出，"办学校如果忽视思想政治的培养方向，这样的教育是失败的。"他指出，"同学们要做革命通人和业务专家，就是要大家在学好科学技术课的同时，认真读好马列和毛主席的著作，用马列主义武装自己的头脑。"他不断地告诫大家，一个人要有伟大的人生目的，要有革命理想和信仰，为无产阶级崇高的共产主义事业而活着。

第二，坚持实事求是、不自以为是的思想教育原则。

徐特立认为，思想教育要有良好的学风，学风中最主要的是"实事求是，不自以为是"。他倡导"要思想解放，从自以为是的思想中解放出来"。他明确地指出，自以为是，自以为知，自以为能，就会阻碍虚心向他人的一切优点学习，就不会实事求是。徐特立指出，"一切从实际出发，并把感性知识上升为理性""都是马克思主义普遍真理与中国实际结合，即毛泽东思想的胜利在教育方面的体现"[①]。他还犀利地指出，"自以为是，是思想生命的一个病态""自以为是者，……就是思想的生命断绝"。徐特立不仅强调实事求是的优良学风，而且也反对教条主义，反对轻视理论的经验主义。他鼓励青年人"不把一切真理（马、恩、列、斯的都在内）当作教条，不加了解而相信，不加以执行而只当作神咒而崇拜"[②]。

徐特立主张思想教育也要在实事求是的基础上，做到灵活、自由。徐特立积极提倡学术思想自由，大力开展学术问题讨论。他认为，这是推动自然科学、社会科学以及高等学校、科研机关工作迅速发展的重要措施之一。他始终提倡教育民主、学术自由。在民主的氛围中，徐特立等延安自然科学院的教育界前辈们深入探讨如何办学、如何进行思想教育的问题，

---

① 武衡、谈天民、戴永增《徐特立文存》第 3 卷，广东教育出版社 1995 年版第 41 页。
② 湖南省长沙师范学校《徐特立文集》，湖南人民出版社 1980 年版第 577、237 页。

探索了一条服务于抗战建国现实需求,集理论研究、技能教育和实践锻炼为一体的特殊的战时办学模式,不仅在办学实践中为陕甘宁边区经济建设提供了人才支持,并且为新中国培养了一大批兼具业务能力、忠诚品质、过硬思想和管理才能的优秀人才。

第三,思想教育的有效途径是教育、经济、科技三位一体的辩证与实践。

1941年,徐特立提出教育、科技、经济"三位一体"协调发展的重要思想。这个思想认识不仅是指导延安自然科学院的师生学习自然科学知识的基本遵循,而且对于延安自然科学院对广大师生开展思想政治教育工作也具有重要的实践意义。徐特立指出,"科学教育与科学研究机关以方法和干部供给经济建设机关,而建设机关应该以物质供给研究和教育机关。'三位一体'才是科学正常发展的园地。"其中,"科学是国力的灵魂,同时也是社会发展的标志"[1],"教育是社会的中心、生产的中心"[2]。他主张教育要为政治、经济服务,明确人的全面发展是教育的目的,提出"三位一体"即教育、科研、生产的科学技术教育思想,形成了独具特色的新民主主义教育思想,丰富和发展了马克思主义教育思想。

徐特立担任延安自然科学院院长时期,学院坚持理论和实践相结合,培养专才与培养通人相结合,坚持教育、科技、经济"三位一体"的办学道路。徐特立注重马克思主义理论的宣传与传播,更加注重理论与实际的结合和运用。在这样的教育原则指引下,延安自然科学院不仅面向边区的经济建设,在食盐、化工、玻璃、造纸、机械、地矿、冶炼、农业、水利、军工诸多方面,解决了边区发展中遇到的许多困难和重大问题;而且在具体的实践中,重视培养学生的探索精神、创造能力,教育并培养了一大批有创造性、有革命觉悟的劳动者。

第四,思想教育工作要助力于教育事业实现中国化、科学化、大众化。

---

[1] 武衡、谈天民、戴永增《徐特立文存》第2卷,广东教育出版社1995年版第202页。
[2] 武衡、谈天民、戴永增《徐特立文存》第4卷,广东教育出版社1995年版第35页。

育心铸魂
──北京理工大学思想政治理论课建设史

徐特立作为杰出的无产阶级革命家、人民教育家,在马克思主义的指导下,吸收了古今中外优秀的文化教育思想,他的教育思想是革命时代融合传统文化和外来文化的重要思想成果,形成了独具中国革命特色的教育思想,成为我国思想教育史上的宝贵财富。作为现代中国教育家的杰出代表,徐特立的教育理念与思想既有对包括人本主义教育思潮在内的西方教育理念的借鉴,又有对于中国传统教育思想智慧与精粹的传承[1]。

徐特立曾留学法国"勤工俭学",到德、日、比等国做过教育考察,到苏联中山大学学习过,博学多能,经验丰富。徐特立敏于西学,却又在教学过程中对传统教育内容主动吸收,对旧有教育经验和方法自觉借鉴,建构起自己独特的教育思想体系,这是民族危机下知识分子文化选择与文化自觉的典型体现。正是这种自觉意识,促使徐特立在马克思主义指导下借助思想教育实践努力建构中国化、科学化、大众化的教育发展图景。徐特立认为,中国现代的教育事业要实现"科学化、中国化、大众化"的教育目标,思想教育要助力于这个宏伟目标[2]。徐特立把马克思主义哲学与中国传统文化哲学思想相融合,始终坚持唯物辩证的教育哲学思想。徐特立的教育思想,源于"人民群众创造了教育,教育属于人民群众"的认识,他始终坚持独具中国特色的"群众本位"教育思想。他也提倡要吸取人类知识的一切遗产,他提倡将接受人类文明遗产和中国实际结合起来。他提倡古为今用、洋为中用,取其精华,创造发展[3]。

第五,提倡教育者要以身作则,做"身教主义者"。

徐特立认为,在对学生进行思想教育时候,教师首先要做到"人师与经师合一",提倡"身教主义",坚持"以身作则"。他强调指出,"我们的教学是采取人师和经师合一的,每个教科学知识的人,就是一个模范人物,同时也是一个有学问的人。"他自信地指出,"做教育工作的人,一般总是先进分子",我们需要"以身作则","言论和行动绝对一致",并声

---

[1] 伍春辉《徐特立教育理念与思想史论》,《求索》2018 年第 6 期。
[2] 《培养科级干部的摇篮》,北京理工大学校史丛书第八卷,北京理工大学出版社 2018 年版第 31 页。
[3] 湖南省长沙师范学校《徐特立文集》,湖南人民出版社 1980 年版第 257 页。

第 2 章 战争年代的思想政治理论教育与教学

称自己只是一个"身教主义者罢了"①。

徐特立学而不厌,诲人不倦,做到了言教、身教,课堂上教、课堂下教。他亲自给师生讲授政治课、作报告。他讲课并不照本宣科,而是理论结合实际,深入浅出,用我们党的伟大实践和路线斗争的事例,结合毛泽东青年时期勤奋学习和参加革命的伟大实践,阐述马列主义、毛泽东思想。他不仅传授知识,还教育大家如何做人,如何做一个无产阶级的革命战士②。他给教师、干部和同学们讲政治理论课,领导学习整风文件,宣传马列主义、毛泽东思想,激励和教育年轻一代。他十分关心学生的全面发展,特别关心他们在政治上的健康成长。他亲自抓学校的政治思想工作,亲自讲授"联共党史""中共党史""马克思主义哲学"等课程。他经常通过组织各种活动进行政治思想教育工作,使同学们受到生动而深刻的教育。学生们深情回忆到,徐特立根据自己的经历和渊博学识,对半殖民地半封建社会的反动落后,对资本主义的残酷剥削制度,对人类社会的发展规律,对社会主义的美妙未来,为学生们做过数不清的报告。学生们听了徐老的讲话,"如得春风,如沐春雨"③。

总之,徐特立一生致力于我国的教育事业。他在不断的教育探索中为我们留下了丰富的教育思想,特别是思想政治教育方面。徐特立这些思想适应了当时社会历史发展的大势,扎根于近代中国的具体国情,紧密服务于党的战略目标,不仅从指导原则、学风建设、实施途径和发展目标等方面进行了高屋建瓴的论述,具有时代前瞻性,同时对今天新时代的思想政治教育教学依然有重要的借鉴意义和启迪意义。新时代我们要不断加强共产主义理想信念教育,不断加强大学生思想政治理论教育,始终把思想政治教育放在教育的首要位置。

---

① 湖南省长沙师范学校《徐特立文集》,湖南人民出版社 1980 年版第 495、135 页。
② 《从延安走来》,北京理工大学校史丛书第九卷,北京理工大学出版社 2018 年版第 136 页。
③ 张慧生《延安自然科学院就学杂忆》,《晋察冀边区工业专门学校史料》,北京理工大学校史丛书第二卷,北京理工大学出版社 2018 年版第 36–37 页。

2.3 革命岁月里思想政治理论课教学的特色与成就

延安自然科学院自成立伊始，不仅致力于培养党的自然科学技术人才和科技干部，也高度重视对学生进行思想政治理论教育，坚持开展思想政治教育教学，拥有思想政治教育教学的优良传统，形成了鲜明的思想政治教育教学工作特色，并取得了优异的教育教学成就。

2.3.1 延安自然科学院思想政治理论课教学的特色

第一，党高度重视，具有坚强有力的政治组织保证。

延安自然科学院的创办得到党中央和中央领导同志前所未有的高度重视。党的重要领导干部非常关心、支持学校的各项工作，包括学校的思想政治教育教学工作。他们身体力行，有的亲自到校发表重要讲话，举办时事或者形势报告；有的承担具体的思政课程教学任务；有的为学校教学工作和思想教育工作出谋划策，助力物质保障；有的解释阐发思想政治教育的重要思想和观点，从思想政治教育教学的教学内容、学习方法、教育途径、物质保障等方面进行指导、关怀和帮助，极大地推进了延安自然科学院思政课建设起步阶段的各项工作。

1944年5月24日，毛泽东在合并后的延安大学开学典礼上讲话。他指出，为建设建成一个政治、经济、文化的大学，我们的具体任务是：在政治上要学习统一三三制、精兵简政的方针，要学习各种政策[①]。毛泽东动员教师和学生们为边区的工农业经济建设和文化建设而学习工作，极大提高了大家学习的积极性。毛泽东还亲自为学校题写校名。1944年周扬同志转达了毛泽东对学生的指示："科学院学生要一面在工厂实习中学习实际知识，一面改造思想"，这给学生们指明了思想学习的努力方向。1945年11月13日，在离开延安的前夕，由延安大学校长周扬同志带领延安大

---

① 《晋察冀边区工业专门学校史料》，北京理工大学校史丛书第二卷，北京理工大学出版社2018年版第52页。

学自然科学院全体教师接受毛泽东的专门接见。毛泽东和每个人都握了手，讲了国内形势及党中央的战略部署、战略方针，指出学院到东北去的主要目的是配合开辟新解放区，建立巩固东北根据地，特别是要在文化教育战线上做开辟工作，使东北青年了解党的方针政策，参加解放斗争。毛泽东共讲了40多分钟，讲得很生动、具体，他对于自然科学院教育工作的关心使广大师生深受鼓舞①。

延安自然科学院汇集了如留德化学博士陈康白等边区科学技术精英，许多学术报告会、讨论会、专题讲座都在这里举行，很多时事和形势讲座也在这里举办，这是党领导下延安自然科学院开展思想政治教育工作的鲜明体现。当时在中央的领导同志大多到学院做过指导，朱德、陈云、叶剑英、张闻天、萧劲光、李富春、徐特立、吴玉章、林伯渠等人还亲自兼任思政教学课程教师或作报告②。延安自然科学院在教学中规定每周专门有一天作为政治理论教育教学时间，由学院的领导人李富春、徐特立及中央组织部、中央宣传部的领导干部，系统地向学员讲授"中国革命史""联共（布）党史""哲学""形势任务"等课程；当时中央组织部秘书邓洁承担了"中国革命问题"的教学任务。

周恩来从大后方重庆给延安自然科学院收集、运来了大学课本、图书、显微镜、实验仪器设备等，还亲自到延安大学看望师生并作报告。朱德也亲临学校视察。朱德在国民党反共高潮时期，在延安各界反对内战动员大会上的讲话气壮山河，振奋了师生的士气。陈云在建校过程中亲自召开会议、研究建校事宜。贺龙经常路过延安自然科学院在杜甫川的教室，慈祥地和大家谈话，鼓励大家不光要学习好，还要学游泳、打球，把身体锻炼好，他还经常和大家进行思想交流。叶剑英也多次到学院给学生作时事、形势报告。叶剑英在毛泽东去重庆谈判时，到校作形势报告，使大家

---

① 《晋察冀边区工业专门学校史料》，北京理工大学校史丛书第二卷，北京理工大学出版社2018年版第7-8、27页。

② 《从延安走来》，北京理工大学校史丛书第九卷，北京理工大学出版社2018年版第129页。

深信我党一定能够战胜反动派。①

除此之外，学院在不同发展时期的领导也都非常重视学生的思想政治教育教学工作。

据校友回忆，延安自然科学院的学生第一学期的课程，主要是数学、物理、化学、外语等基础课和政治理论课。每周一天政治课，主要学习马列主义和党的方针政策。为了突出对政治思想理论课程的重视，这些课程很大程度上由学院主要负责人带头讲授。如李富春讲"党史"，徐特立讲"联共（布）党史"和"哲学"课，并在哲学课程中专门开辟了"自然科学概论""自然科学史"等章节，引导学生掌握和运用自然辩证法。一些老校友回顾自己后来在科技工作中注意运用唯物辩证法来分析复杂的问题，首先得益于当年在延安所学的哲学课程。

恽子强在1944年曾担任延安自然科学院副院长，他是拥有20余年教育和科学研究经验的专家，成绩显著，深受学生敬爱。在辗转华北迁徙的办学过程中，恽子强坚持教学和实践结合。不管环境怎样恶劣，条件如何困难，战时一旦略有安定就坚持上化学课和做实验，哪怕在行军途中和辗转停留的片隙。近50岁的他与学生一道行军，随身携带自编的教材，组织上分配给他的大马驮着瓶瓶罐罐和学生的行李。学生赞叹说，他的言传身教就是最有价值的思想教育。

北方大学工学院时期，学校同样重视思想政治理论教育。学校安排学生们学习毛泽东的《新民主主义论》和《论联合政府》，学习薛暮桥的《政治经济学》和艾思奇的《大众哲学》等著作。北方大学工学院陈唯实主任是当时知名的哲学专家，作为学校的领导，他经常深入实际，态度诚恳，要求大家重视学习政治，到实践中去学习、锻炼和改造思想。当发现有的学生不适应战时紧张而单调的生活时，他就引导学生从实际出发，利用战争环境中的一些有利因素，帮助学生克服好高骛远的思想，正确处理认识世界与改造世界的关系。他在生活上、在思想上对学生的关心无微

---

① 《晋察冀边区工业专门学校史料》，北京理工大学校史丛书第二卷，北京理工大学出版社2018年版第37页。

第2章 战争年代的思想政治理论教育与教学

不至。

华北大学工学院时期，学校也始终把思想教育和德育教育放在一个十分重要的位置，一贯重视对学生的政治思想教育，帮助学生树立正确的人生观。学校教育和勉励学生，作为新中国未来的工程技术干部，必须具有正确的人生观、全心全意为人民服务的思想和良好的道德品质。在华北大学的开学典礼上，范文澜校长勉励学生要"诚心诚意地学习马列主义毛泽东思想，改造自己，树立正确的人生观"。[①] 在华北大学工学院成立时，副校长成仿吾在开学典礼上鼓励学生要学习政治，了解政策，明确国家前进的方向。

在华北大学工学院发展过程中，政治思想教育始终是一门主课。在学校的直接领导下，在第一批建立的院直属教研组中就有政治教研组。华北大学工学院成立后，学校要求学生树立辩证唯物主义和历史唯物主义的人生观、世界观，全校人员学习"社会发展史""马克思主义哲学""政治经济学"、已公开的毛泽东著作和时事政策的积极性很高，自觉性很强，教授自然科学和工程技术的教师们要求学习自然辩证法的愿望也很迫切，很多教师努力探索如何用马列主义的思想、观点和方法来指导教学。学校领导对此抓紧了政治理论教学教师队伍的建设。华北大学工学院成立不久，副院长曾毅邀请华北大学本部教学骨干陈辛人来学校任教。陈辛人先后讲授了毛泽东的新民主主义论等有关理论，由此，学校的政治理论教学在华北各大学中率先进入比较正规的阶段[②]。

曾毅于1949年担任华北大学工学院副院长，1953年1月任北京工业学院副院长。曾毅特别强调要系统学习政治理论，他推荐学生阅读哲学和时事政策方面的书籍，比如《新民主主义论》《联共党史》《费尔巴哈与德国古典哲学的终结》等。曾毅在学校全体会议上作报告时提出，一个革命者、一个革命干部必须具备四个条件：对革命事业无限忠心；密切联系

[①] 《华北大学工学院史稿》，北京理工大学校史丛书第七卷，北京理工大学出版社2018年版第56页。

[②] 《从延安走来》，北京理工大学校史丛书第九卷，北京理工大学出版社2018年版第130页。

群众；有独立的工作能力；遵守纪律。为达到上述四个条件，首先要对社会历史发展有明确的科学的认识，就必须系统学习社会科学知识，提高阶级觉悟，具有自我牺牲精神。其次，要忠心耿耿地为群众谋利益，同群众保持血肉联系，虚心接受群众的意见，反对恩赐、尾巴、盲从和"左"倾冒险等观点。再次，自觉地积极地根据党的方针去完成组织上赋予的任务，反对闹独立性。最后，无条件地服从党的决议，遵守党的纪律。曾毅还讲到，政治学习可以从两方面进行：一方面通过工作实践，不断总结经验，逐步提高自己的水平和能力；另一方面要学习别人的经验，批判地加以接受，坚决反对教条主义。根据"教育必须为国家建设服务"，高等学校必须"与国防、经济、政法、文化等建设事业密切结合，培养各种建设人才"的总要求，曾毅指出，学校的教育方针是"理论和实际一致""政治与技术结合""通才和专才结合"。曾毅认为，"学习技术是为了完成一定的政治目标，学习政治是为了正确地指导所学技术的运用和发展。"这样，"通才和专才结合"培养出来的学生"既能迅速适应岗位的需要，又具有发展的潜力"。

刘鼎虽然并未在华北大学工学院任职，但从学校创建之初开始，他一直直接领导华北大学工学院的工作，对于华北大学工学院的发展和学校的思想政治教育一贯给予大力支持。刘鼎指出，要坚持理论联系实际的原则；把党和国家的需要作为我们教与学的目标；要正确处理政治与技术业务的关系，才能为人民服务。归根到底来讲，我们的一切业务都要服务于最终的革命目标。

延安自然科学院从成立到在华北辗转办学期间，始终坚持党的领导，学校各方面工作包括思想政治教育工作也在党组织的领导、关怀以及支持、指导下进行。正是由于党和学校对于学生的思想政治教育工作高度重视，学校先后培养了数百名热心科学技术的爱国青年，学校的毕业生受到各方面的欢迎，显示出学校重视和开展思想政治教育教学的积极成效。

第二，育人目标是培养又红又专的人才，重视政治学习，提高政治素养。

延安自然科学院自筹建开始就十分重视对学生进行政治理论教育，用马列主义、毛泽东思想武装学生的头脑，使学生树立正确的政治方向。1940年9月1日，延安自然科学院举行开学典礼，陈康白副院长在讲话中即强调人才培养的目标是"要培养出我党的第一代红色的科技人员"；李富春在开学典礼上宣布，自然科学院的培养目标是"革命通人，业务专家"。可以说，延安自然科学院"又红又专"的育人目标是学校一贯坚持正确政治方向的深刻注脚。这八个字深深铭刻在师生的心坎上，教师按照它来培养学生，学生按照它来严格要求自己，在又红又专的道路上奋勇前进。

延安自然科学院贯彻思想政治教育与专业业务学习相结合的教育方针，努力培养具有革命精神、坚定政治信仰和政治方向的科技工作者。坚定的政治方向就是要树立远大的理想和坚定的信念，就是要在树立远大的共产主义理想的同时，脚踏实地地完成党在每个阶段所面临的阶段性任务。学校的政治思想教育工作，继承发扬了我党的优良传统，教育学生树立和巩固共产主义世界观，培养实事求是的思想方法、艰苦朴素的作风。在人才培养过程中，除了注重专业、业务知识学习，还重视政治理论课学习，使广大师生、学员系统学习马克思主义的科学知识，并确立起正确的政治思想观念，这是延安自然科学院教育内容的重要组成部分。

良好的思想政治教育使延安自然科学院广大师生有着坚定正确的政治方向。有学员后来回忆说："我们所有的教员和学员，有的是认准了共产党，冒着生命危险，历尽艰辛从前方敌占区，从后方国民党统治区来到延安的；有的是从小就在党的培养教育下，在党的怀抱中成长的。经过教育，大家对共产党将在全国取得胜利从不怀疑，对共产主义的美好憧憬是我们奋斗的目标。这共同的理想，共同的信念，把我们紧紧地联系在一起。"

1945年以后，学校转战华北，几易校名，根据解放战争形势的要求，及时调整教育方针和培养目标，但是培养学生坚定政治方向的教育目标却始终没有改变。

在1946年晋察冀边区工业专门学校和1947年的晋察冀工业交通学院期间，学校强调以政治思想教育为主，加强学生的群众观点，树立为人民

育心铸魂
——北京理工大学思想政治理论课建设史

服务的人生观,在政治思想教育的基础上,提高文化水平和业务技术水平,提高为人民服务的能力。这显示了学校在人才培养方面始终坚持的根本目标。与延安自然科学院相比,这一时期的教师和学生是一支更为年轻的队伍,他们却经受住了和平和战争的双重考验,始终沿着党指引的方向前进。之所以能够做到这一点,就是因为学校始终把引导学生确立革命的人生观、世界观放在首要地位。学校开设有"社会发展史""中国革命史"等政治课,使学生了解社会发展的规律和中国革命、中国共产党的历史。此外,无论是在停战时期的张家口,还是在解放战争时期的河北农村,学校都组织学生积极参加必要的社会活动和生产劳动,使他们在火热的革命实践中增强政治素养[①]。

经过学校的培育,学生们认识到,党的奋斗目标是打倒反动派,建设新中国。大家要用马列主义、毛泽东思想武装自己的头脑,学好知识,为党工作。可是要把来自五湖四海的学生统一到上述目标并指导行动并非易事,对此,学校的做法是以正面教育为主,狠抓思想政治建设,注重学生世界观的改造,安排学生系统学习毛泽东著作和社会发展史,不间断地组织读报活动。这些活动可以引导学生胸怀全局,认识世界,激发学生的政治责任感,同时又使学生意识到自己的主要任务是学习,懂得"千里之行,始于足下"的道理,从而解决了为谁而学、应该怎么学的关键问题[②]。

华北大学工学院办学时期,同样继承了延安自然科学院注重思想政治教育的光荣传统,始终把对学生进行人生观、世界观的思想教育摆在了首要位置。除了"社会发展史""新民主主义革命史"这些政治课,还通过党团、学生会组织的各种活动,引导学生关心国家大事,参加必要的社会活动,提高思想政治素养,有一次还和就近的几所大学联合请到中国的保尔·柯察金——吴运铎作报告,气氛非常热烈[③]。学校成立了政治教研组

[①] 《晋察冀边区工业专门学校史料》,北京理工大学校史丛书第二卷,北京理工大学出版社2018年版第5-6页。

[②] 《晋察冀边区工业专门学校史料》,北京理工大学校史丛书第二卷,北京理工大学出版社2018年版第72-73页。

[③] 《华北大学工学院回忆录》,北京理工大学校史丛书第六卷,北京理工大学出版社2018年版第142-143页。

和政治课教学委员会，对学生进行系统的马列主义、毛泽东思想教育，学习"中国革命史""政治经济学""哲学"等课程。教师结合实际不断改进教学方法，提高教学质量。同时根据国内外形势和党的方针政策经常举办形势报告会，有时还请著名人士（如劳动模范、战斗英雄、文艺名家、革命先辈）作报告，学生听后都表示很受教育[①]。

华北大学工学院及其前身延安自然科学院、晋察冀边区工业专门学校、北方大学工学院，都是本着"为革命办学、办学为革命"的原则，辗转陕北、华北办学，尽管专业、学制、教学规模和教育形式是不同的，但有一个共同点，即始终坚持开展思想政治教育工作，始终把引导学生确立革命的人生观、世界观放在首要地位，把培养学生具有坚定的正确的政治方向放在首位。这些学校培养出来的学生经受住了和平和战争的双重考验，并且这一光荣传统一直延续至今。

第三，以服务于抗战建国为价值取向，满足党和国家战略需求。

作为中国共产党在延安时期创办的第一所理工高等学校，延安自然科学院的思想政治教育工作以服务抗战建国为价值取向，紧跟党走，服从国家的战略需求。服务于抗战的需要、为抗战胜利后国家的建设而准备技术人才，是延安自然科学院建院的宗旨，这是党为人民服务的宗旨在教育领域的深刻体现。

在延安大学开学典礼之后，根据中央的指示调整了教育方针，制定了《延安大学教育方针暨暂行方案》。方案指出，学校教育以适应抗战与边区建设需要，培养与提高新民主主义的政治、经济、文化建设的实际工作干部为目的；对学员进行中国革命历史与现状的教育，以增进学员革命理论的知识与新民主主义建设的思想，并进行人生观与思想方法的教育，以培养学员的革命立场与实事求是的工作作风[②]。学校教育方针的基本精神仍是理论与实践相统一，服从于革命战争的战略需要。

[①]《华北大学工学院回忆录》，北京理工大学校史丛书第六卷，北京理工大学出版社2018年版第160页。

[②]《培养科技干部的摇篮》，北京理工大学校史丛书第八卷，北京理工大学出版社2018年版第26－27页。

育心铸魂
——北京理工大学思想政治理论课建设史

此后,学校在辗转办学过程中,一以贯之地贯彻这样的教育方针。例如1947年3月,学校教育方针强调,课程要贯彻学以致用的原则,教材内容须从实际出发与现实需要密切联系,教学方法着重启发学生民主争论,实事求是,追求真理,有计划地组织生产,以培养学生正确的劳动观点、吃苦耐劳的习惯,自己动手,克服困难,以生产养学校①。可见,在整个新民主主义革命时期,学校的思想政治教育教学工作始终围绕服从党和国家的战略需求而展开。

第四,在探索中前进,初步形成党创办大学的思政课建设教育教学体系。

延安自然科学院自成立开始,以及在华北辗转办学期间,始终重视思想政治教育教学工作,不断在摸索中前进,在课程设置、教学内容、学习时间、教育手段、教材配备和师资力量等方面,都有创新性的探索和成就,初步形成了革命时期的思政课建设教育教学体系,积累了宝贵的历史经验。

一是课程设置。

开展思想政治理论教育工作,课堂教学是主阵地,课程设置是关键,课程内容传输着党培育接班人的目标需求和开展思想政治教育的具体要求。延安自然科学院自成立乃至辗转办学、发展壮大时期,不断克服办学上的种种困难,贯彻新民主主义教育方针,始终以马列主义、毛泽东思想为办学指导思想,要求学生树立辩证唯物主义和历史唯物主义的人生观、世界观。当时开设的主要课程也是师生共同学习的课程,主要有"社会发展史""马克思主义哲学""政治经济学",以及学习已公开的毛泽东著作以及学习时事政策。

延安自然科学院大学部的学生在大学一年级主要学习普通物理、普通化学、高等数学、工程制图、外语、政治理论课等基础课程。建校之初,师生们学习政治理论的自觉性很强、积极性很高,许多教师努力探索如何通过课程设置和课程讲授来对学生进行马列主义思想教育。当时学校课程

---

① 《培养科技干部的摇篮》,北京理工大学校史丛书第八卷,北京理工大学出版社2018年版第44-45页。

第 2 章　战争年代的思想政治理论教育与教学

分为共同课与专修课两种，全校共同课的内容为中国革命史与现状的研究、革命人生观与思想方法的修养。按照规定，延安自然科学院的学生要学习全校共同课，即"边区建设概论""中国革命史""革命人生观""时事政策教育""哲学"等。

为了突出对政治思想理论课程的重视，学校负责人带头讲授。李富春讲党史，徐特立讲"联共（布）党史"和"哲学"，并在哲学课程中专门开辟了"自然科学概论""自然科学史"等章节，引导学生掌握和运用自然辩证法。学校还开设"革命人生观"课，使学生从社会发展规律上认识到确立革命人生观的必要性。

1943 年 3 月，合并后的延安大学的教育方针第二条明确规定：本校进行中国革命历史与现状的教育，以增进学员革命理论的知识与新民主主义建设的思想，并进行人生观与思想方法的教育，以培养学员的革命立场与实事求是的工作作风①。延安大学将政治理论课列为全校共同课，内容包含"边区建设概论""中国革命史""革命人生观""时事教育"等②。这些课程帮助学生学习马列主义和党的方针政策，认识社会发展规律。学校还组织学生学习《增强党性决定》等。学生有时候到文化沟听丰富多彩的各种报告，大家在夕照中漫步延河边，讨论或者思考抗战形势、国际动态、马克思主义一些理论问题等③。通过政治理论学习，同时结合生产劳动与社会实践，学生增进了革命理论知识。这些课程设置保证了学生思想政治理论学习的内容重点非常突出，服务于边区经济建设和革命形势。

晋察冀边区工业专门学校于 1946 年 3 月正式开学，开学当天进行了英语、政治常识等课程的编班测试。学校与边区政府教育局、工业局商定，根据学生的实际基础，为充实每个学生高中阶段的数理化知识，按照文化程度编了三个班，同时开设"社会科学知识""社会发展史""中国革命

---

① 《从延安走来》，北京理工大学校史丛书第九卷，北京理工大学出版社 2018 年版第 17 页。
② 《从延安走来》，北京理工大学校史丛书第九卷，北京理工大学出版社 2018 年版第 128、129 页。
③ 《晋察冀边区工业专门学校史料》，北京理工大学校史丛书第二卷，北京理工大学出版社 2018 年版第 32 页。

史"等课程进行思想政治教育①。这类政治课不分班,只将学生分为高级、低级两组。

1946年6月学校紧急南迁,办学条件更加艰难。晋察冀边区工业专门学校与晋察冀边区铁路学院合并成立晋察冀工业交通学院后,学校明确教育方针,要求学生要以政治思想教育为主,加强学生的群众观点,树立为人民服务的革命人生观,在政治思想教育的基础上,提高文化水平与业务水平,提高为人民服务的能力②。为贯彻以政治思想为主的教育方针,规定政治课比重很大,除预科及本科班仍大体按原计划进行外,一般达到70%左右。这些科目设置既有业务课程比如运转、旅客、货场、应用会计、簿记、材料管理,也有社会科学、政党等思想教育类别的课程③。

华北大学工学院时期,学校确定"培养具有高度革命意识的、忠于革命事业并具有马列主义修养的工业干部和技术人才"为培养目标,改短期训练为较长期的培养,加强系统的思想政治理论学习,改变了突击学习和进行政治教育的方法,强调思想政治教育主要通过政治理论课的学习、时事学习及其他政治学习和活动,使学生的认识逐渐提高④。1949年5月,华北大学奉命举校迁入北平。在进城之前的思想教育和工作准备中,学校特地组织安排学习党的七届二中全会文件和毛泽东刚刚发表的《论人民民主专政》,使师生们充分认识到进入城市对共产党是一场考验,全党要有远大的目标,谦虚谨慎,善于学习,保持艰苦奋斗和密切联系群众的革命传统,管理和建设好被长期战争破坏的国家经济。进城之后,华北大学工学院在东皇城根中法大学校区,和北平各大学学生在暑假中热火朝天地参加各种学习,学习内容包括"猴子变人"(《社会发展史》)、"雷峰塔为什么倒塌"(艾思奇的《大众哲学》),建立劳动观念和对劳动人民的感情,

---

① 《培养科技干部的摇篮》,北京理工大学校史丛书第八卷,北京理工大学出版社2018年版第42-43页。
② 《从延安走来》,北京理工大学校史丛书第九卷,北京理工大学出版社2018年版第28页。
③ 《晋察冀边区工业专门学校史料》,北京理工大学校史丛书第二卷,北京理工大学出版社2018年版第178-179页。
④ 《培养科技干部的摇篮》,北京理工大学校史丛书第八卷,北京理工大学出版社2018年版第61页。

第 2 章 战争年代的思想政治理论教育与教学

学习唯物论辩证法的基本观点和内容①。

二是教学时间。

回望延安自然科学院的教学实践，我们可以发现思想政治理论教学时间有基本要求，也得到了基本保障。思想政治教育教学是经常性的工作，大多时候规定一个固定时间开展课程教学；在课程教学之外，学校会灵活机动地安排思想教育活动，时间分布上则相对自由一些。两者相辅相成，共同保障了革命时期特殊条件下思想政治理论教育的教学时间安排。

延安自然科学院规定每周有一天或者半天为政治理论教学时间，肖田、师秋朗等校友曾回忆说："政治是要经常学习的，我们每周有半天的政治课，内容或是系统学习理论，或是了解时事政治形势。"据其他校友回忆，上学第一学期的课程，主要是数学、物理、化学、外语等基础课；同时每周一天政治课，主要学习马列主义和党的方针政策。据统计，延安自然科学院时期的政治理论课教学时数占总教学时数的 20%～30%。学校规定在全部学习时间中，共同课占 30%，各院系专修课占 70%；在各院系专修课中，理论政策课一般占 30%，业务知识课与技术课占 70%。同时也防止形式主义和教条主义的影响，避免出现在专业学习中政治课占用课时过多的现象②。

晋察冀边区工业专门学校时期，学校政治课一般是每周半天，主要学习时事政策等。1946 年 3 月 14 日，在晋察冀边区工业专门学校的第八次校务会议上，闫沛霖汇报了开课的准备工作情况，专门强调按照教学计划要保证政治学习时间为每周半天，自然科学和英语的学习时间为五天半。根据"培养党各种高级和中级的专门科学及技术人才的学校"的办学方针，这一时期学校的课程安排是政治与业务并重，专门课占 80% 的课时，政治课占 20% 的课时，既避免政治课压倒其他一切科目的现象，又避免了忽视政治学习的情况，这也充分体现了李富春在延安自然科学院时提出的

---

① 《华北大学工学院回忆录》，北京理工大学校史丛书第六卷，北京理工大学出版社 2018 年版第 83 页。

② 《从延安走来》，北京理工大学校史丛书第九卷，北京理工大学出版社 2018 年版第 128、129 页。

要培养红色"业务专家"的方针①。大家每周有五天半的基础课和专业课,有半天政治课,并经常进行时事和形势教育。作为一个工科学校,坚持又红又专的办学方向,始终坚持政治学习与社会实践相结合,这是非常可贵的。

1948年8月成立的华北大学分四个部和两个学院,其中第一部具有政治学院性质,开办短期政治班,由教务长钱俊瑞兼主任,林子明、陈唯实为副主任。该部的任务是对入学的知识青年进行马列主义和毛泽东思想基本知识的思想教育,初步奠定革命的人生观,了解中国共产党的新政策,懂得革命工作者应有的政治立场和工作作风。按照规定,第一部的学习时间一般是3至6个月②,保证对学生进行充分的思想政治理论教育。

三是师资力量。

总的来看,在革命战争的历史条件下,中华人民共和国成立之前学校的思想政治课专门性的师资力量比较缺乏,能够持续性地在课堂上进行专门授课的教师人员比较欠缺。不过,学校从实际出发,努力发掘各类师资力量,尤其邀请党政领导干部走进课堂,他们既系统掌握了革命理论,又具有丰富革命实践,是难得的思想政治理论教育教学师资。

延安自然科学院时期,为开展思想政治理论教育,由学校领导人李富春、徐特立及中央组织部、中央宣传部的领导干部,系统地向学生讲授"中国革命史""联共(布)党史""马克思主义哲学""形势任务"等课程;并在哲学课程中专门开辟了"自然科学概论""自然科学史"等章节,引导学生学习和运用自然辩证法;此外,还开设了"革命人生观"课,引导学生从社会发展规律上,认识确立革命人生观的重要性和必要性。中央领导同志朱德、陈云、林伯渠、叶剑英等也经常来校作形势和政策报告。延安自然科学院时期,陈云同志抓得紧,中央组织部也派人来学校了解情

---

① 《晋察冀边区工业专门学校史料》,北京理工大学校史丛书第二卷,北京理工大学出版社2018年版第48、10、56页。

② 《华北大学工学院史稿》,北京理工大学校史丛书第七卷,北京理工大学出版社2018年版第3页。

第 2 章 战争年代的思想政治理论教育与教学

况,帮助解决学生生活上的问题,对学生进行思想政治教育工作①。

1945 年 11 月,晋察冀边区工业专门学校在学生 30 多人陆续返校以后,在陈琅环的领导下,一方面重新建校,一方面局部复课。当时由陈琅环讲授政治常识②。

华北大学工学院时期,学校继承了领导干部作报告讲思政的传统。1948 年 10 月 8 日,华北大学工学院举行开学典礼,成仿吾副校长在典礼上讲述了国际国内形势,他要求工学院的学生要重视政治学习,了解政策,明确国家前进的方向。学校经常结合时事政治形势,邀请有关人员到校作形势报告,刘鼎就曾来学校做了题为"公私兼顾"的报告,很多学生至今记忆犹新;时任北平军调部中共代表团办的《解放三日刊》编辑部成员于光远也曾应邀来校举办讲座,介绍在北平和国民党斗争的情况③。歌剧《白毛女》的作者诗人贺敬之也曾来校作报告,他是当时新成立的中国新民主主义青年团的中央委员,他来工学院传达了青年团成立大会的精神,动员在工学院建立青年团组织工作。这一时期,副院长曾毅请来华北大学的教学骨干陈辛人担任政治课教员,他为学生们系统讲授毛泽东的新民主主义论等理论④,据学生回忆,1949 年 5 月 1 日那天学生在学校礼堂上政治课,就是由陈辛人讲授"中国革命与中国共产党"。

四是教学方法。

延安自然科学院及其后华北办学经历中,学校在进行思想政治理论教育教学过程中采取丰富多样、灵活机动的教学方法与教学途径,全方面地实现对学生进行思想政治教育的目标。

延安自然科学院时期,每周有一天或半天的政治课,形式或是教师讲

---

① 《晋察冀边区工业专门学校史料》,北京理工大学校史丛书第二卷,北京理工大学出版社 2018 年版第 26 页。
② 《晋察冀边区工业专门学校史料》,北京理工大学校史丛书第二卷,北京理工大学出版社 2018 年版第 8 页。
③ 《晋察冀边区工业专门学校史料》,北京理工大学校史丛书第二卷,北京理工大学出版社 2018 年版第 20、139、147–148 页。
④ 《华北大学工学院回忆录》,北京理工大学校史丛书第六卷,北京理工大学出版社 2018 年版第 54 页。

授，或是集体讨论，教学方法不一，学习形式多样。在讨论会上，大家各抒己见，充分发挥不同的见解，思想非常活跃，发言热烈，真理愈辩愈明，不同见解在讨论中渐趋一致，有时还会由教师进行解答和分析。每讨论一次，每个人都会感到一种很大的满足，无限畅快①。这种思想解放、广泛讨论的气氛，形成了生动活泼的政治局面。学校还建立了严格的考试制度和批改作业制度②。在政治理论课的学习中，注意学习的方法和形式是思想政治课取得实效的重要保证。

学校还安排了参观、实习等环节，教学内容密切联系时政形势进行分析、讲解。学校经常组织学生参加各种政治活动，吸收学生参加各种抗日救亡运动，比如整风运动，特别是组织学生参加长达 7 个月之久的教育方针大讨论，对学生思想政治理论水平的提高有很大帮助。同时，学生还参加生产劳动，这不仅增加了学生的生产知识，磨炼了他们的体格，更使他们从中体会到与劳动人民的思想感情，锻炼了革命意志，达到了思想教育的效果。

晋察冀边区工业专门学校时期，为配合思想政治教育教学，组织学生参观工厂，增强对工业生产的认识。之后在迁徙的办学途中，学生组建运输队保护教具和设备；行军路上，学生党员的身份尚未公开，但在政治生活、学习文化、文体活动等方面起着先锋模范作用。每到一处，学校的教育教学工作适时进行，灵活安排。除了举办各种报告会和动员会，学生还与当地的老百姓一起积极参加各种活动，老区人民的真情和厚爱深深鼓舞和激励了学生。学校无论是在停战时期的张家口，还是在解放战争时期的河北农村，都积极组织学生参加必要的社会活动和生产劳动，使他们不脱离火热的革命实践。

此时期，很多学生思想比较活跃、政治上要求进步，但形形色色不健

---

① 肖田、师秋朗《艰苦而幸福的学习生活——忆延安自然科学院补习班的学生与生活》，《延安自然科学院史料》，北京理工大学校史丛书第一卷，北京理工大学出版社 2018 年版第 536 页。

② 《晋察冀边区工业专门学校史料》，北京理工大学校史丛书第二卷，北京理工大学出版社 2018 年版第 10 页。

第 2 章 战争年代的思想政治理论教育与教学

康甚至错误的思想也时有出现，因此，学校提倡互相探讨、研究，逐步取得正确或接近正确的政治认识。学生回忆说，大家还经常主动阅读《共产党宣言》《反杜林论》及毛泽东的哲学讲稿等，虽然有些不能完全领会，但兴趣之浓，真是不易想象。大家常在一起探讨，往往争论很热烈①。节假日，学校还开展球类比赛、歌咏联欢等活动，极大鼓舞振奋师生的精神，激发了工作学习热情②。学生反映说，这样的思想政治教育结合实际，摸得着、看得见，对人影响大，效果比较好。

丰富多彩的物质文化生活是思想政治教育工作的一个重要侧面，也是现实的思想教育。学校在抓教学工作的同时，十分重视对学生开展灵活多样的政治思想教育。学习方式不是课堂上教师死板的说教，而是以学生自学讨论为主，辅以演讲、报告等活动，这样充分调动了学生的积极主动精神。学校还不断组织时事报告会，请名人和党政首长作形势和任务的报告，有时由学生自己主办全班性的时事演讲会。通过这些丰富多样的学习途径，学生认识了革命斗争的复杂性和艰巨性，也提高了革命的自觉性和坚定性。后来当国民党反动派发动内战，学校被迫进行转移时，尽管形势严峻、生活艰苦，全校师生除极个别人外，没有动摇掉队的，这其实就是多样化思想政治教育活生生的实际效果③。

借助于当年学生关于开展政治学习的日记，我们似乎穿越回了当时火热的革命岁月，感受到革命先辈接受思想政治理论教育的激情和投入④。为了纪念"七一"，在党小组会上，大家都对自己的缺点认真做了自我批评；学习了《晋察冀日报》上套红印出的《中国共产党与中国》和《中国简史》，还抄录了笔记；对于毛泽东对美国军事援华法案的重要声明、

---

① 《晋察冀边区工业专门学校史料》，北京理工大学校史丛书第二卷，北京理工大学出版社2018年版第38页。
② 《晋察冀边区工业专门学校史料》，北京理工大学校史丛书第二卷，北京理工大学出版社2018年版第146–148页。
③ 《晋察冀边区工业专门学校史料》，北京理工大学校史丛书第二卷，北京理工大学出版社2018年版第79页。
④ 《晋察冀边区工业专门学校史料》，北京理工大学校史丛书第二卷，北京理工大学出版社2018年版第87–107页。

朱德在延安反内战和反特务大会的讲话，还有《解放日报》的社论《日本投降一周年》等材料，大家都认真做了笔记，下午又一起进行了讨论；晚自习时候，大家学习陈云所著的《怎样做一个共产党员》；饭后，全校党员到边委会参加总学委组织的时事形势大会。到11月份，大家的学习材料主要有如下五篇：《中共中央对时局的声明》《争取的胜利》《为实现停战协定及政协决议而斗争》《再接再厉，争取全面的胜利》《论战局》。学校要求大家精读，并写心得笔记，做发言提纲，提出不了解的问题，然后进行小组漫谈和全班大会讨论。通过这种形式的学习，大家坚定胜利信心，克服了悲观失望的情绪。学校的政治生活非常活跃，各班都办有黑板报，进行政治、时事宣传教育，提高阶级觉悟和思想认识。全校同志积极参加村里的土改工作。在村里唯一的戏台上，学校组织演出过《白毛女》《周子山》《兄妹开荒》《牛永贵负伤》（牛永贵是一位在与日寇战斗中受伤的战士）等节目，这些节目的演出，场场赢得群众的拥护和好评[①]。当年学生们学习政治理论和时事形势的激情跃然纸上，令人感佩不已。

在北方大学工学院时期，1947年4月至7月间，学院组织了立功竞赛、表功选模学习运动，开展竞选、谈心、漫谈等活动，以表扬为主开展学习，密切了同志关系，提高了政治思想觉悟[②]。华北大学工学院时期，学校坚持"教人而不是教书"，重视学生的思想教育。学校建立"答疑辅导制度"，教师帮助学生对课程系统全面地了解。进城后，华北大学工学院的学生和当时北平各大学学生在暑假中热火朝天地参加各种学习，建立劳动观念和对劳动人民的感情，学习唯物论辩证法的基本观点和内容。同时也有组织地参加了北京市高等学校的一些大型集会和活动[③]，一以贯之地继承和发扬了延安自然科学院时期的思想政治教育优良传统。

五是教材配备。

[①] 《晋察冀边区工业专门学校史料》，北京理工大学校史丛书第二卷，北京理工大学出版社2018年版第116页。

[②] 《培养科技干部的摇篮》，北京理工大学校史丛书第八卷，北京理工大学出版社2018年版第307页。

[③] 《华北大学工学院回忆录》，北京理工大学校史丛书第六卷，北京理工大学出版社2018年版第83、55页。

在革命战争时期创办高等教育，教学物资相对匮乏，但是学校想方设法采购、收集图书资料，与此同时教师克服困难，发挥创造性自编教材，在教学实践中摸索前进。

延安自然科学院时期，专业基础课选用当时国内著名大学使用的中、英文版教材和参考书，而有的课程包括思想政治课程则由教师自编教材或就地取材。1946年，晋察冀边区工业专门学校从延安采购了大量的马列主义书籍及党中央出版的书刊，加上从北平购得的图书，建立了拥有数千册中外文技术、政治书籍的图书馆[①]，为学生开展思想政治理论学习提供了图书基础。在张家口时候，学校通过北平军调部叶剑英和北平党组织的帮助，购买了教科书、外文科技书籍等。学校要求课程贯彻少而精和学以致用的原则，教材内容须从实际出发，与现实需要密切联系；注意实习，以达到学以致用的目的[②]。在困难时期，学生抓住身边可以利用的一切图书资料，如饥似渴地学习，提高思想政治理论水平和认识。例如在河北辗转办学时期，毛泽东的著作、《晋察冀日报》便是大家的教材。1947年是解放战争形势最为严峻的一年，学校已经停课，很多学生在此时期阅读大量的政治书籍，主要是列宁、斯大林、毛泽东的著作[③]，在正规教材缺乏的困难时期自觉坚持进行思想政治学习。

第五，坚持理论联系实践，到实践中学习、锻炼和改造思想。

坚持理论密切联系实际是延安自然科学院创校以来即形成的思政教育教学原则，思想政治教育工作在开设政治理论课程、进行课程讲授之外，还特别注重组织学生参加必要的社会实践与生产劳动，让学生在实践中学习和锻炼，接受并改造共产主义信仰，具有坚定正确的政治方向。

徐特立在延安时期提出了教育教学、科学研究、经济建设"三位一体"的思想，深刻地影响了延安自然科学院及我党在革命时期教育事业的

---

① 《晋察冀边区工业专门学校史料》，北京理工大学校史丛书第二卷，北京理工大学出版社2018年版第11页。
② 《从延安走来》，北京理工大学校史丛书第九卷，北京理工大学出版社2018年版第28页。
③ 《晋察冀边区工业专门学校史料》，北京理工大学校史丛书第二卷，北京理工大学出版社2018年版第79页。

育心铸魂
——北京理工大学思想政治理论课建设史

办学内涵和发展目标。教学、科研和生产"三位一体"思想成为延安自然科学院办学的主要方针。延安自然科学院在办学过程中,始终坚持"三位一体"的办学思想,强调政治与业务相结合。中央领导、前线将领成为学校形势政策报告的常客,学校领导亲自讲授政治理论课,有效地提升了学生的政治素养。延安自然科学院积极组织各类生产劳动和社会实践,在主动运用科技手段解决生产问题的同时,也将政治和业务紧密联系,实现人才培养又红又专。学校坚持实践取向的办学特色,坚持在实践中提升学生的综合技能和理论水平,在理论中实现技术创新与人才发展,始终坚持用理论与实践相结合的原则培养高水平科技人才,探索出了一条适时适用的办学道路和思想教育模式,办学特色鲜明而富有借鉴意义。

学校从一开始就重视开展科学研究,并把教学、科学研究和生产结合起来。学校和附近的农场、主要工厂建立了密切联系,根据教学需要组织师生去边区的造纸厂、棉织厂、被服厂、军工厂、家具厂、碱厂以及中央医院、印刷厂、化学厂、火柴厂参观实习。这些实践和劳动,对于学生认识中国的国情、革命形势、党的宗旨以及树立远大的共产主义理想有极大的促进作用。

延安自然科学院通过实践与理论相结合培养学生德智体全面发展、加强政治思想素养,给学生留下了深刻的印象。学生在学校不单是读书受教育,也参加体力劳动,如建校、开荒、种地、积肥、烧炭、纺线、织毛衣、编草鞋,加上各种实习,整个学习期间,始终未脱离劳动。这些活动锻炼了革命意志,养成了自力更生、艰苦奋斗的创业精神。有学生后来回忆说,"这个学校理论与实际的结合,政治思想教育与自然科学教育基础理论与产业理论的结合,教育、生产、科研的结合,今仍常常引起我美好的回忆。"[①] 理论与实践相结合的学习有成效成为大家日后的共识。

在华北办学时期,学校在进行课程讲授的同时,还组织学生参加了"三查"运动、土地改革等政治活动、政治运动。在张家口,学校组织师

---

① 《晋察冀边区工业专门学校史料》,北京理工大学校史丛书第二卷,北京理工大学出版社2018年版第34页。

第2章 战争年代的思想政治理论教育与教学

生参加社会调查和革命宣传,组织学生到群众中进行调查,访贫问苦,还积极参加议员的竞选活动等;全校师生参加了"四八"烈士追悼会,反对国民党破坏"双十协定"、制止国民党发动内战、争取和平的运动,以及慰问我军战士、教部队战士唱歌和帮助老乡劳动等拥军爱民活动。到建屏县后,校师生又参加农村土改、建校劳动和农业生产等。所有这些措施,都是为了使学生在掌握自然科学武器的同时,学会运用马克思主义和辩证唯物主义的基本观点和方法,去观察和处理问题,从而具备远大的革命理想、崇高革命信念、全心全意为人民服务的精神和良好的道德品质,提高了学生的思想觉悟以及理论水平和工作能力,对其投身到伟大的解放斗争中起了重要的积极作用。

当时的恽子强校长十分重视政治思想工作,他经常鼓励师生积极参加社会实践活动,如逢节假日便组织歌咏比赛、下棋、球赛等;还鼓励大家积极参加张家口的社会活动,例如元旦、五一的庆祝活动,追悼叶挺、王若飞、邓发等罹难烈士的大会,市参议员选举的社会宣传活动等。这些理论联系实际的政治思想教育实践,使得全校师生受到一次次深刻的思想政治教育[①]。

有学生回忆说,有一次政治课讲为什么地主和资本家是剥削者、农民和工人是被剥削者,老师联系实际讲得很生动,从井田制到封建剥削进而发展到经营工厂雇工剥削,方法越来越残酷,剥削份额越来越多。学生会为此专门办了一期墙报,引导大家通过讨论提高认识。当时的情景非常热烈,院子里一群一伙,三三两两,有的议论,有的争执,政治空气非常浓厚但又非常自由,大家的思想认识和阶级觉悟在自由的争论中也得到了提高,既不扣帽子,也不打棍子,更不搞什么重点批判。学校帮助学生学文化、学技术的同时又学习思想、学习政治,为革命培养了大批优秀人才,为新中国军工建设的思想政治把关工作做出了重大的贡献[②]。

[①] 《晋察冀边区工业专门学校史料》,北京理工大学校史丛书第二卷,北京理工大学出版社2018年版第12、167-168页。

[②] 《晋察冀边区工业专门学校史料》,北京理工大学校史丛书第二卷,北京理工大学出版社2018年版第126页。

育心铸魂
——北京理工大学思想政治理论课建设史

北方大学工学院时期,学校贯彻执行"全心全意为人民服务"的办学宗旨,"理论联系实际"的教育方针,"实事求是"的校风,培养有关发展边区经济和军工生产的普通工程技术人才。在教学中,既反对教条的"学院主义"即严重脱离实际的空洞理论偏向,又反对忽视文化和理论基础的"学徒主义"①,主张在业务学习和理论学习的同时,让学生在实践中成长。

华北大学工学院时期学校也始终贯彻理论联系实际的原则。学生都要到专业工厂实习,政治理论学习也要求紧密结合政治实践活动。理论性的课程一般要阐明理论如何来自实践又如何用以指导实践。学校的教育方针是"学与用的一致",学生的学习都是和解放区各种建设事业密切地联系着的。1948年年底,正值人民解放军取得辽沈战役胜利、准备展开平津战役,应华北人民政府要求,刚刚组成不久的华北大学工学院立即派出全校近二分之一的学生参加平津两大城市的接管工作。他们本着"我是代表共产党、人民解放军来工作的"高度政治责任感,严格执行《三大纪律八项注意》和《入城守则》,给广大工人群众留下了良好的印象,出色地完成了接管任务。他们写的情况简报有的还发表在《天津日报》②上。这些都是学校思想政治理论教学坚持理论联系实际收到良好教育效果的活生生的案例。

第六,注重共产主义价值观培养,锻造了战时民族精神。

在延安自然科学院办学的不同时期,学校的政治思想工作继承了我党优良传统,树立和巩固共产主义世界观,培养实事求是的思想方法、艰苦朴素的作风,注重发挥艰苦奋斗、创业创新精神,坚持实事求是工作作风和科学精神,注重共产主义信仰的培养,传承了勤劳勇敢、自强不息的伟大民族精神,也锻造了战时的民族精神、延安精神,给后世留下了宝贵的精神财富。

为贯彻和落实教学目标和要求,延安自然科学院善于针对学生的实际情况安排学习方案,如学生学哪个年级要根据原有文化基础而定:文化基

---

① 《从延安走来》,北京理工大学校史丛书第九卷,北京理工大学出版社2018年版第29页。
② 《从延安走来》,北京理工大学校史丛书第九卷,北京理工大学出版社2018年版第149页。

第2章 战争年代的思想政治理论教育与教学

础较好的到大学部或大学预科学习；文化基础差的先读初中，再转预科和大学；少数学生由于学习成绩优异被送去苏联深造；也有一些学生开始虽在高年级学习，但因跟不上班被降到低一年级。再如，延安自然科学院的教育完全是配合实际的需要：大学部注重国防经济建设中实际学术的研究，中学部偏重实用科学与技术的学习；大学、高中是两年半，初中是两年，在这中间进行理论与实际的配合教育，并授以社会科学，使学生对中国前途有正确认识，愿意为新生的光明的中国而奋斗。这就是使教学与学生的实际情况相结合的生动体现，也表现了中国共产党在办学过程中坚持实事求是的工作作风和科学精神。

延安自然科学院在办学的过程中遇到重重困难与阻力，其办学过程和伟大成就的取得，鲜明地体现了延安时期以中国共产党为代表的边区民众自力更生、艰苦奋斗的创业精神。延安自然科学院是在一穷二白的基础上创建起来的，在受到国民党经济封锁的情况下，延安自然科学院的学生买不到纸笔墨，书籍、师资、教材、仪器、文具等无一不缺，而且要自己动手解决衣食住行等生活问题。在建校的过程中，广大的学生、干部自己动手，丰衣足食，如整修道路、平整场地、自己动手建窑洞、建教室等，通过自己的努力，为延安自然科学院的建立和开展教学工作奠定了坚实的基础。

学校建立起来之后，在办学的过程中，同样面临着极大的困难。教学条件非常艰苦，下雨天就在窑洞里上课；太阳出来了，在树上挂块黑板上课；没有粉笔、钢笔，写字用石笔，在石板或地上画等。虽然有中央的重视和各方面的支持，但是办学条件还是很艰难，许多困难需要师生员工自力更生设法解决。所以，他们自己做黑板，帮助化学厂做粉笔、做墨水，教师们自己动手写教材，刻蜡版，印讲义，做生物实验用的标本，制作物理和化学实验用的仪器等。教职工和学生都实行供给制，每人每月只发很少的生活费用，伙食方面除照顾少数教师吃中灶（细粮多一些）外，一般教职工和学生一样吃大灶（大多是粗粮小米等），有时粮食供应不足，还不得不以黑豆之类来补充。副食经常是用很少量的油炒白菜、萝卜或土豆片，很少吃肉。但是师生员工凭着一股子革命的热情和艰苦奋斗的精神，

育心铸魂
——北京理工大学思想政治理论课建设史

教师认真负责教学，职工积极热情工作，学生勤奋努力学习。除了上课，学生还抓紧时间自学，晚上没有电灯，连煤油灯和蜡烛也没有，每个窑洞里只有一盏小油灯，五六个人就围着它孜孜不倦地刻苦学习。

正是这种自力更生、艰苦奋斗的办学精神和学习劲头，使自然科学院的广大师生在思想品格方面得到了积极的塑造和锻炼。据很多校友回忆，在自然科学院进行的工作、学习、生产活动中，呈现出艰苦创业的精神风貌，是使人无比怀念的。在延安杜甫川的自然科学院里曾经传诵这样一首诗："我们的生活艰苦而又紧张，我们的革命热情却日益高涨。谁说我们没有课堂？我们有世界上最大的课堂。蓝天是我们的屋顶，高山是我们的围墙。谁说我们没有教具？自创的教具更加漂亮。谁说'土包子'不能办大学办大学堂？我们的信心比泰山还稳固，我们的意志比钢铁还坚强。为了祖国的新生，为了民族的解放，任何困难也不能把我们阻挡[①]。"这就是在艰难困苦中办学，自力更生、艰苦奋斗的创业精神的鲜明体现。

从抗日战争胜利到迁入北京之前的这段时间，虽然几经辗转、办学条件依然艰苦，但是延安精神却始终得以继承和弘扬。如1946年晋察冀工业交通学院的教育方针中，特别强调要培养学生正确的劳动观点、吃苦耐劳的习惯等。又如1949年华北大学工学院的自我定位是：为重工业建设和发展服务，培养具有理论联系实际、掌握现代科学技术成就、全心全意为人民服务、从事新民主主义重工业建设的高级工程干部。这些教育方针都是对延安精神深刻而又准确的诠释和继承。

华北大学工学院在多年的办学实践和当时的时代背景下，形成了自身鲜明的特点。从总体和主流来看，学校重视确立革命理想和信念，学生具有较明确的树立革命理想和信念的思想政治觉悟，在他们身上可以看到刻苦学习钻研的自觉性，体现出吃苦耐劳、艰苦奋斗的精神，具备群众观点与集体观点，保持着艰苦朴素、不惧困难的作风，表现出一往无前、勇于奉献的品格风貌。这些特点，就是学校长期注重思想政治理论教学的结

---

① 《培养科技干部的摇篮》，北京理工大学校史丛书第八卷，北京理工大学出版社2018年版第13页。

果。在这所革命大熔炉里,学生不断接受马列主义、毛泽东思想的路线方针政策的系统教育,接受着党的光荣革命传统的熏陶,比较自觉地重视自己思想素质的提高;他们在各自的起点上,逐步更加坚定地树立起为共产主义事业奉献终生和全心全意为人民服务的理想和信念;他们时刻以革命者要求自己,懂得并努力贯彻执行党的方针政策,完美地体现和诠释了延安自然科学院办学以来所追求的精神价值和理想信念。

2.3.2 延安自然科学院思想政治理论课教育教学成就

自延安自然科学院成立起,全体师生大力开展自然科学的教学与科研活动,取得了丰硕的科研成果和教学成果,积累了丰富的办学经验和思政教育教学经验,为革命培育了一大批科技干部和管理干部,创造了一系列光辉成就,为抗战的胜利、祖国的解放事业以及新中国的建设事业做出了不可磨灭的历史贡献。

第一,服务于抗战和新民主主义革命,为边区经济建设做出重要贡献。

创办延安自然科学院,初衷是服务于抗战需求,长远目标是服务于建设新中国。按照中共中央提出的办学要求、在徐特立等人的组织领导下,全校师生以不同形式参与到边区的经济建设工作中,为增强抗战建国的物质力量起了很大的作用。他们在教育、科研、经济"三位一体"的办学思想指导下,因陋就简、因地制宜,和有关经济建设部门加强联系,为边区的经济建设做出了巨大贡献,尤其集中力量解决边区经济建设和生产生活中遇到的各种技术难题,服务军工、民用和农业生产等边区经济和抗战的多个领域。他们能生产多种实验用具,制造了"丰足牌"火柴、玻璃、肥皂和几百万枚军装用铜纽扣,指导炼铁厂、火药厂的生产,探明开采油井、气井,提供生产玻璃、肥皂、酒精、制碱所用的设备,设计修建了边区水坝、安装了水轮机,设计建设了杨家岭"七大"会议大礼堂,等等。其中,用西北的野生马兰草成功造纸、用沙滩筑盐田的方法制盐、发现并向中央建议开垦了南泥湾是学校为边区经济建设建树奇功的三个典型事例。正如时人的评价:延安自然科学研究院"自成立以来,对边区经济建设有很大技术的改进。"①

因此我们可以很自豪地说,延安自然科学院通过科技教育和思想教育,用自身突出的科学研究能力和过硬的思想政治素质,直接为边区经济建设和抗战胜利做出了巨大贡献。延安自然科学院的师生,实践了教育为经济建设服务,为人民服务,与生产劳动和社会实践相结合的党的教育方针,勇做科教兴边、科教兴国的先锋与表率。

第二,立足"又红又专"人才目标,培养具有革命精神的红色科技工作者。

延安自然科学院为陕甘宁边区经济建设储备了人才资源、提供了人才支持,也为新中国培养了一大批兼具业务能力、忠诚品质和管理才能的高质量的革命科技干部,他们是接受党的思想政治理论教育、具有坚定政治信仰和革命精神的红色科技人才,是又红又专的"革命通人"。

据不完全统计,先后在延安自然科学院学习过的学生有五百多人。在中华人民共和国成立以前,大学部的学生先后分配到延安和其他根据地工作,高中部的大部分和初中部的一部分学生根据革命工作需要先后离校分配工作。中华人民共和国成立以后,这些经过党的思想政治教育、学校学习和工作中实际锻炼的人,绝大多数在政治觉悟、思想认识、业务知识和工作能力方面不断进步。他们分布在全国各地,许多人成了业务专家和领导骨干,其中有大学教师,有研究机关的研究员,有生产部门的工程师,有中央和省、直辖市、自治区的党政领导干部,为我国的社会主义现代化事业做出积极的贡献②。延安自然科学院在艰苦条件下培养出来的优秀毕业生,大都具有光荣的革命传统和优良作风,为抗战的胜利、新中国的建立以及新中国的建设做出了重要贡献。例如,后来担任国家和政府部门负责人的李鹏、叶选平、武衡、彭士禄等。

这些优秀人才体现了延安自然科学院服务于陕甘宁边区经济社会发展、服务于抗战建国的价值追求,深刻诠释了服务国家战略需求、培养红

---

① 《新中华报》1939年12月23日。
② 《从延安走来》,北京理工大学校史丛书第九卷,北京理工大学出版社2018年版第23-24页。

色科技人才的价值取向。有学员后来曾经充满深情地回忆自己在延安自然科学院接受思想教育的成长道路:"1940—1945年的五年多时间里,我在延安学习、工作、参加运动和大生产的实践中,受到了方方面面的培养与教育。诸如:在泽东青年干部学校学艾思奇著的《大众哲学》;在自然科学院深受徐特立院长的谆谆教诲;感受张思德、愚公精神的感召;聆听中央领导的报告;特别是1944年毛主席在参议会大礼堂给我们热情洋溢、十分亲切的讲话,使我至今记忆犹新、终生难忘。当年在延安的这一切,使我受到了非常宝贵、极其丰富的熏陶和教化,从而自然而然地由一个不自觉的青年变为一个自觉的革命者"[1]。

及至新民主主义革命即将取得彻底胜利前夕,华北大学工学院坚持政治思想工作的良好传统,帮助学生迅速地成长起来,为祖国建设培养急需人才,为新民主主义高等工程教育的壮大和发展,为消除半封建半殖民地高等工程教育的影响,做出了重要贡献。有学生后来回忆到,在井陉系统地学习了"中国革命和中国共产党""新民主主义论"等革命理论。在解放战争胜利形势的鼓舞和同学们的帮助下,"我的思想开始转变"[2];"通过三年的学习不但增长了一些科技文化知识,更重要的是经过三年的锻炼,使我开始懂得了人生的道理和怎么做人;加深了为人民服务的信念;开始树立坚持革命、坚持马列主义的人生观与世界观。三年,是为革命打基础的三年,使我永生难忘"[3]。可见,学校坚持思想政治教育,培养了一大批具有崇高思想觉悟的红色人才。

第三,传承民族精神,践行战时光辉的延安精神。

延安自然科学院在实践中不仅传承了艰苦奋斗、自强不息的民族精神,也践行了战时光辉的延安精神。师生们凭借着自力更生、艰苦奋斗的精神,在困境中生存,在困难中强大,在政治、经济、教育、科技等诸多

---

[1] 《华北大学工学院回忆录》,北京理工大学校史丛书第六卷,北京理工大学出版社2018年版第99页。
[2] 《华北大学工学院回忆录》,北京理工大学校史丛书第六卷,北京理工大学出版社2018年版第126页。
[3] 《华北大学工学院回忆录》,北京理工大学校史丛书第六卷,北京理工大学出版社2018年版第117页。

领域创造了很多可歌可泣的奇迹。

在这段时期内,在特殊、艰难的历史环境条件下,中国共产党培育了以坚定正确的政治方向,实事求是的思想路线,全心全意为人民服务的根本宗旨,自力更生、艰苦奋斗的创业精神为主要内容的延安精神。抗战烽火中的延安,虽然生活条件艰苦,但是却形成了民主、科学的良好氛围。延安自然科学院在这一时期发挥优势,成为边区弘扬科学精神、普及科学知识和培养科技人才的重要力量。例如,南泥湾背后蕴藏着艰苦奋斗、自强不息的精神,现如今,"南泥湾精神"已经成为"延安精神"的重要组成部分。

作为中国共产党历史上创办的第一所理工、农科高等学校,延安自然科学院是延安精神形成的重要参与者,在延安精神的培育和弘扬过程中发挥了独特的历史作用。延安精神是中国共产党集体智慧的结晶,延安自然科学院是延安精神重要的培育者和践行者。在延安精神的培育和形成过程中,延安自然科学院在办学目的、办学方针、人才培养、思想教育等各方面生动地体现和诠释了延安精神,是延安精神形成和培育的重要参与者。在如火如荼的战争岁月里,延安自然科学院师生的生活学习如诗如画。他们保有的革命性、创造性、科学性,谱写了延安精神的鲜活一页;他们艰苦创业、敢于创新,传承着勤劳勇敢、自强不息的伟大民族精神。今天,北京理工大学正是在铭记创校之初服务抗战的历史贡献、传承延安精神与红色基因中,踏上了建设世界一流理工大学的新征程,在延安精神的薪火相传中铸就新的辉煌。

第四,为新中国以及改革开放新时期的思政教育工作提供宝贵历史经验。

延安自然科学院在不同历史时期坚持办学的光辉历程中,特别是在困境、逆境中坚持开展思想政治理论教育教学工作的过程中,留下了许多优秀做法、优良传统和历史经验,值得保留并进一步研究总结、发扬光大,以更好地推动今天学校思政课建设的守正创新发展。

延安自然科学院自成立到中华人民共和国成立前短暂的十年间,不仅开拓了党在高校实施思想政治教育教学的工作,而且在战争烽火年代里很好地完成了承前启后的历史使命。在艰难困苦的条件下，延安自然科学院从陕甘宁边区的实际出发，坚持教育教学、科学研究、生产实践"三位一体"的办学方针和"又红又专"的育人目标，取得了伟大的历史成就，为陕甘宁边区经济社会的发展，为抗战建国做出了巨大的贡献，在延安精神的形成过程中发挥了自己应有而独特的作用，为后人留下了宝贵的精神财富。正如很多师生所深情回忆的，延安自然科学院的路子是对的，经验是宝贵的，值得认真总结和借鉴。这些经验包括：为革命而学习；艰苦朴素，自力更生；理论与实践结合，基础理论与技术并重；为国民经济和人民生活的需要服务，兼顾近期的和长远的需要；批评与自我批评的作风，严肃的空气和活跃的生活；师生之间的同志式关系；深入的政治思想工作和党员的先锋作用；等等。这是延安自然科学院在思想政治教育方面留下来的宝贵精神财富。在这些思政教育工作优秀做法的基础上，延安自然科学院的思政课建设也积累了宝贵的历史经验，这些都值得后世学习与传承。

始终高度重视思想政治理论教育教学工作和思政课建设，思政教育在学校各项工作中发挥着方向性和统率性的关键作用。延安自然科学院从成立到在华北辗转办学期间，始终坚持党的领导，学校各方面工作包括思想政治教育工作是在党组织的领导、关怀以及支持、指导下进行的。党和学校的高度重视，是学校思想政治理论教育教学工作顺利开展并取得巨大成绩的根本政治保证。

始终牢记思想政治教育工作以培养合格的革命者和建设者为至高目标，培育具有坚定的、正确的政治信仰的红色科技人才是学校思政教育的奋斗目标。中国共产党是以马克思主义为指导思想的无产阶级政党，延安自然科学院是党亲手缔造的第一所理工科大学。学校坚持对师生进行马克思列宁主义教育，从办学初期起就坚定地将思想政治理论教育作为重要的教学内容，以期使学生树立共产主义远大理想和革命人生观、世界观和价值观。

始终坚持服务于国家战略需求，在抗日战争的延安时期和在解放战争的华北辗转办学时期，思想政治教育从未偏离办学初衷，从未改变教育初心。服务于抗战的需要、为抗战胜利后国家的建设而培养合格的技术人才，是延安自然科学院建校和辗转办学的宗旨，体现了服务国家战略目标的价值取向，是党为人民服务的宗旨在思想教育领域的深刻体现，体现了学校与党同呼吸、与国家共命运的优秀品质。

始终遵循科学、生产、教育"三位一体"的教育原则，竭尽所能地开创生动活泼的思想政治教育格局。学校坚持理论密联系实际的教育原则，通过多途径、多手段、多方法，指导广大学生投入火热的劳动实践和革命洪流当中，教育学生树立远大的革命理想，培养全心全意为人民服务的精神，有良好的道德品质，有健全的体魄，有正确处理理论与实际的辩证关系的能力。

始终注重精神层面的教育，既继承自强不息、艰苦奋斗的中华民族传统精神，又参与锻造战时延安精神。今天的思想政治教育，更要传承"延安根、军工魂"的红色基因，学习和继承老一辈无产阶级革命家、科学工作者、思政教育者开拓创新、积极探索、勇于进取的科学精神和崇高情怀。

作为北京理工大学的源头与前身，延安自然科学院及后来华北办学各校都努力把学校办成既是传授知识的园地，又是陶冶革命情操的熔炉，始终围绕着"为谁开展思政教育教学工作，怎样开展思政教育教学工作"的核心问题而砥砺前行。建校之初的这段光辉历程证明，北理工创校的前辈们很好地完成了这个历史任务，交出了一份令人满意的历史答卷，其中积累的许多办学经验和思政教育教学的优秀做法将会薪火相传、泽被后世。

第 3 章　社会主义革命和建设时期思想政治理论课程建设的起步和发展

开展马克思主义的思想政治教育是事关为中国革命和建设事业培养建设者和接班人的重大问题。中华人民共和国成立初期，新生的人民政权结合中国革命和建设的实际需要在全国高等学校普遍推行思想政治理论课，使其成为新中国高等教育必不可少的重要组成部分。华北大学工学院—北京工业学院在继承自身高度重视马克思主义理论教育优良传统的基础上[1]，积极贯彻和落实党和国家的重大决策和部署，使学校成为新中国高等理工院校思想政治理论课建设的先行者。

3.1　新中国成立之初北京工业学院思想政治理论课程开设的背景

3.1.1　新中国成立之初思想政治理论课在高等学校的开设

思想政治工作是一切工作的生命线，注重思想政治教育一直是中国共产党的优良传统，也是中国革命取得成功的重要推动力。中华人民共和国

---

[1] 1951 年 11 月，教育部通知华北大学工学院更名为"北京工业学院"，1952 年 1 月 1 日启用北京工业学院校名。

育心铸魂
——北京理工大学思想政治理论课建设史

成立伊始，在办好新的高等教育过程中，思想政治理论课受到了高度的重视。1949年9月21日，中国人民政治协商会议第一次全体会议在北京召开，这次会议通过了具有临时宪法性质的《中国人民政治协商会议共同纲领》，其中第五章"文化教育政策"就明确指出："中华人民共和国的文化教育为新民主主义的，即民族的、科学的、大众的文化教育。人民政府的文化教育工作，应以提高人民文化水平、培养国家建设人才、肃清封建的、买办的、法西斯主义的思想、发展为人民服务的思想为主要任务。""提倡用科学的历史观点，研究和解释历史、经济、政治、文化及国际事务。""有计划有步骤地实行普及教育，加强中等教育和高等教育，注重技术教育，加强劳动者的业余教育和在职干部教育，给青年知识分子和旧知识分子以革命的政治教育，以应革命工作和国家建设工作的广泛需要。"[①]

在这一方针指导下，党和人民政府在总结老解放区思想政治理论课建设的经验基础上，探讨新中国高校思想政治理论课程建设。1949年11月1日，中央人民政府教育部成立。该部一成立便把思想政治理论教育课程的建设问题摆在了重要日程。11月4日教育部主持召开了大学政治经济学教学座谈会，11月6日又主持召开了辩证唯物论和历史唯物论教学座谈会，11月8日在教育部第一次部务会议上又重点研究了大学政治经济学、辩证唯物论和历史唯物论的教学问题等。[②] 1949年12月，新中国举行了第一次全国教育工作会议，这次会议对思想政治教育的目的、原则和方法等问题进行了探讨，明确了新中国教育工作的目的是"三为"，即"为人民服务，首先为工农服务，为当前的革命斗争与建设服务"。在这次会议上，教育部副部长钱俊瑞强调指出："新中国的教育经验，必须以老解放区新教育经验为基础，吸收旧教育有用经验，借助苏联经验，建设新民主主义教育。新区学校安顿后的主要工作，是有计划、有步骤地在教师和青年学生中进行政治与思想教育，其主要的目的乃是逐步建立革命的人生观。为了有效地进行政治思想教育，理论学习必须密切结合学生的思想实际，即把

[①] 何东昌《中华人民共和国重要教育文献》（1949—1975），海南出版社1998年版第1页。
[②] 石云霞《高校思想政治理论课程建设史研究》，武汉大学出版社2006年版第6页。

第 3 章　社会主义革命和建设时期思想政治理论课程建设的起步和发展

理论学习作为改造思想的武器，改造思想作为理论学习的直接目的；必须抓住重点，解决主要的思想问题。课程以'少而精'为原则，思想改造的基本点，在于确立革命的人生观。大中学校的课程必须继续改革，改革的重点是加强革命的政治学习，合理地精简现有课程。必须坚决走向理论与实际的一致。"① 在这一思想指导下，新中国开始探索和完善高等学校的思想政治理论课程体系建设。

1950 年 2 月 1 日至 7 日，教育部主持召开了高等学校"新民主主义论"教学讨论会。这次会议研究了"新民主主义论"的教学内容、教学组织和方法，并编写讲授提纲。② 7 月 28 日，经中华人民共和国政务院会议通过的《教育部关于实施高等学校课程改革的决定》，明确指出："全国高等学校应根据共同纲领的第 41 条和 47 条的规定，废除政治上的反动课程，开设新民主主义的革命政治课程，借以肃清封建的、买办的、法西斯主义的思想，发展为人民服务的思想。"③ 为了更好地贯彻和落实相关工作，7 月 24 日至 8 月 25 日，全国高等学校暑期政治理论课教学讨论会在北京召开，会议由教育部主持，对近一年来高校政治理论课的教学经验及教训进行了严肃认真的总结。会上重点讨论并同意了由教育部拟定的"社会发展史"和"新民主主义论"两门课程的教学重点，把思想政治理论课程的建设向前推进了一步。1951 年 6 月，教育部召开高等学校课程改革讨论会，修订文、法、理、工各系及财经学院若干系的课程草案，并拟定了教学的基本原则，作为制订教学计划的依据。在这些原则中，特别强调了政治课是各系科的基本课程，要着重于系统的理论知识的讲授。④ 这就使得思想政治理论课在新中国的高等教育中占据了重要的地位。

1952 年 10 月 7 日，经过近三年的大量工作实践，在认真总结经验的基础之上，教育部发布了《关于全国高等学校马克思列宁主义、毛泽东思想课程的指示》（以下简称《指示》），其中指出："根据国家今后的政治

---

① 《建国以来重要文件选编》第 1 册，中央文献出版社 1992 年版第 86 – 93 页。
② 石云霞《高校思想政治理论课程建设史研究》，武汉大学出版社 2006 年版第 6 页。
③ 何东昌《中华人民共和国重要教育文献》（1949—1975），海南出版社 1998 年版第 48 页。
④ 石云霞《高校思想政治理论课程建设史研究》，武汉大学出版社 2006 年版第 7 – 8 页。

任务及三年来全国高等学校政治理论课程教学实际情况的发展和要求,以及为了加强和提高学生的系统理论教育,关于全国高等学校马克思列宁主义、毛泽东思想课程的开设,特作以下规定:

(一)综合性大学及财经艺术等学院应依照第一、二、三年级次序分别开设新民主主义论(100学时)、政治经济学(136学时)及辩证唯物论与历史唯物论(100学时),工、农、医等专门学院依照第一、二年级次序分别开设新民主主义论和政治经济学。(二)三年的专科学校开设课程及先后次序与工、农、医等专门学院相同,二年的专科学校不修政治经济学,二年的专修科第一年级及一年的专修科均修新民主主义论,二年以上财经性质的专科学校或专修科第一年级可同时开设政治经济学。(三)各类型高等学校及专修科(一年的专修科除外)准备自1953年度起开设马列主义基础,学习时数与政治经济学相同。(四)新民主主义论、政治经济学及辩证唯物论与历史唯物论各为一学年的课程。在讲授新民主主义论前两周或三周应增加关于新民主主义论教学目的的学习,以端正学生的学习态度。"①

对于上述各项规定,《指示》明确要求各高等学校于1952年度起贯彻执行。思想政治理论课在充分准备的基础上,在全国高等学校得到普遍推行和实施,发展成了新中国高等教育的重要组成部分。

3.1.2 华北大学工学院重视马克思主义理论学习的优良传统

1948年10月,为加快解放区的教育发展并为建设新中国做准备,中共中央决定晋察冀边区工业学校与晋冀鲁豫解放区北方大学工学院合并,成立华北大学工学院,以培养具备新的技能和本领、善于管理的工业干部和技术人才。注重思想政治教育是华北大学工学院的光荣传统。华北大学工学院成立时,时任华北大学副校长的成仿吾鼓励学生要重视学习政治,了解政策,明确国家前进的方向。② 思想政治理论课在学校的教学工作中

---

① 教育部社科司《普通高校思想政治理论课文献选编(1949—2008)》,中国人民大学出版社2008年版第13-14页。

② 《华北大学工学院史稿》,北京理工大学出版社2018年版第6页。

第 3 章 社会主义革命和建设时期思想政治理论课程建设的起步和发展

具有重要的地位,如1948年,华北大学工学院就从华北大学总部请来一位政治教员——陈辛人。陈辛人是华北大学的教学骨干,来到华北大学工学院讲授"新民主主义论"课程,每周一次课。这时工学院就开始了比较正规的思想政治理论课教育。[1]

1949年8月华北大学工学院迁入北京。思想政治教育受到高度重视,政治思想教育仍是华北大学工学院在前进发展中的一门主课。学校从中国人民大学请来代课教师,开设"社会发展史"课。在华北大学工学院,政治思想教育不仅学书本,还要结合学习、生活实际。1950年,中法大学停办,有关数理化专业并入华北大学工学院。华北大学工学院正式搬进东皇城根中法大学校址上课,学校扩大了,又招收了一批新学员,教学逐渐步入正轨。学生除接受本专业所需课程教育外,根据《共同纲领》和第一次全国教育工作会议的精神等,在开设"社会发展史"等课程的同时,学校还积极谋求思想政治课课程和师资的建设。之后,在第一批建立的院直属教研组中就有政治教研组。

1950年学校编印了《华北大学工学院概况》,对学校的办学思想有很好的说明,主要内容是:"根据培养高级工程干部的原则,即根据培养具有高度文化和理论水平、掌握近代科学和技术成就,采取理论与实际一致、政治与技术结合、通才与专才结合的方针。"其中,"政治与技术相结合,就是树立起明确为人民服务的观点,重视政治学习,也重视技术学习。明确认识:学习技术是为了完成革命的政治任务,学习政治是为了正确地指导所学技术的运用和发挥。"[2]

1951年,经过全校教学人员围绕新教育方针的学习和讨论,把政治学习、思想改造和端正办学指导思想结合起来,收到了较好的效果,统一了华北大学工学院办学的指导思想。其中一条主要的内容是坚持"政治与技术结合",明确"重视政治学习,也重视技术学习。学习技术是为了完成

---

[1] 《华北大学工学院回忆录》,北京理工大学出版社2018年版第54页。
[2] 《培养科技干部的摇篮》,北京理工大学校史丛书第八卷,北京理工大学出版社2018年版第78-79页。

革命的政治任务,学习政治是为了正确地指导所学技术的运用和发展"等。① 这些说明,作为一所具有光荣革命历史的学校,高度重视思想政治教育是学校教育教学工作的重要内容,一直被摆在重要的位置上。这一优良的传统为思想政治理论课的开设提供了良好的基础和条件。

3.2 北京工业学院思想政治理论课的开设情况

3.2.1 新中国高等理工院校开设思想政治理论课的先行者

为了贯彻《共同纲领》等党和国家的相关精神、继承高度重视马克思主义理论学习的光荣传统,华北大学工学院积极谋划学校思想政治理论课的建设和发展,使得学校的思想政治理论课建设走上了新的大踏步的发展阶段。

1950年,意大利共产党政治局委员斯巴诺访问中国,中央派华北大学工学院副院长曾毅陪同斯巴诺到南方访问中国。曾毅回京时从上海带来了两位骨干教师,其中一位是哲学教授杨一之,他原任上海复旦大学哲学系主任,曾毅请他来担任马克思主义哲学课的教学工作。杨一之教授还带来了他的两个学生王书文和陈莲舫做助教。1950年暑假后的秋季学期,杨一之教授就在全校开设了"辩证唯物论与历史唯物论"课程。在全国理工院校中华北大学工学院是第一家开设这门课程的学校。②

中华人民共和国成立之初,各高校都面临着思想政治理论课师资缺乏的问题。1950年10月中国人民大学成立,中共中央宣传部对其要求之一是担负培养高等学校马列主义理论课师资的任务。于是,中国人民大学请来大批苏联专家,专门为高等学校培养马列主义理论课的教员,于1952年秋季开始正式招收马列主义研究班。不过,在此之前,中国人民大学的思政教师培训工作已经起步,主要任务是为中国人民大学本校培养师资,其

---

① 北京高等学校校志丛书:《北京理工大学志》,北京理工大学出版社1995年版第6页。
② 《华北大学工学院回忆录》,北京理工大学出版社,2018年版第56页。

第 3 章　社会主义革命和建设时期思想政治理论课程建设的起步和发展

中也有少数其他院校的进修教师。① 经曾毅副院长的联系，中国人民大学特别同意华北大学工学院派一批同志去参加培训。学校从工作人员和在读学生中选了 9 个人去参加中国人民大学两年研究生班学习。薛析如、常青山、满笏参加了中共党史班，匡吉、吕雷宏、靳兴宝参加了联共党史班，吴威、寇平、李琦参加了政治经济学班。由此，华北大学工学院也是国内理工高校中最早开展思想政治理论课师资队伍建设的学校。

从 1951 年 3 月到 1952 年 7 月，赴中国人民大学学习的各位学员完成了培训学习，他们回校工作后，学校成立了直属第一教研组即政治教研组，起初，吴威被任命为教研组副组长，主持教研组的教学组织活动，后确定由杨一之教授担任全院性直属院部的教研组政治教研组组长。全校开设"中共党史""联共党史""政治经济学"三门马克思主义理论课，每门课 120 学时，分两个学期，每周 4 学时。各教学小组的组成情况是：中共党史教学小组组长是薛析如，成员有满笏、常青山；联共党史教学小组的组长是吕雷宏，成员有靳兴宝；政治经济学教学小组的组长是吴威，成员有寇平、李琦。与此同时，新近分配来校工作的几位年轻教师也参加到政治课教学工作中，胡拙、彭家泉参加党史教学，傅国华参加联共党史教学，韩谷诒参加政治经济学教学工作。

回顾 50 年代初学校思想政治理论课程建设的历程，华北大学工学院是第一家成立政治课教研组、构建起相当规模的师资队伍、正式开设三门政治理论课的高等理工院校，承袭着党所创办理工科大学办学的优良传统，体现了中国共产党领导下新型大学的办学特色。这一时期学校思想政治理论课程建设过程中，探索出一些颇有成效的做法。

第一，确保思想政治理论课的正确政治方向。

为了保证思想政治理论课朝健康方向发展和提升思想政治理论课的效果，1951 年 5 月，学校专门成立了华北大学工学院政治课教学委员会。委员会有委员 8 人，另设秘书 2 人。委员中包括教务处处长周发歧、

---

① 张虹《中国人民大学马列主义研究班历史状况考察（1952—1958）》，《中国人民大学教育学刊》2018 年第 1 期。

政治教研组组长杨一之、华北大学工学院党总支书记李抗荪、学务科科长谢鋆等。周发歧任主任委员，杨一之任副主任委员。委员会的任务是：审定政治课教学计划和课程内容，研究分析教学效果，研究如何不断改进教学方法等。委员会秘书的职责，除一般性事务工作外要经常了解学生的思想情况，搜集意见向委员会报告。① 1952年之后政治教研组被列为学校直属第一教研组的机构建置也是意在加强学校对于政治理论课的直接领导。

第二，重视思想政治理论课师资队伍建设。

1951年暑假后，学校再次选送了第二批思政教师学员9人赴中国人民大学马列主义研究班，参加三年制的研究生班学习。这批学员中有2人因病退学，4人被派往支援北京航空学院，王书文、崔志高、韩焜烈回校任教，充实了学校思想政治理论课教师队伍。到1953年前后，政治教研组已经颇具规模，中共党史教学小组组长是薛析如，小组成员有常青山、满笳、胡拙、彭家泉；联共党史教学小组组长是吕雷宏，组员有靳兴宝、王书文、傅国华；政治经济学教学小组组长是吴威，组员有寇平、李琦、韩谷诒。另外有教学干事兼资料员张炳南。② 思想政治理论课教师队伍建设获得了长足的发展。

由于学校思想政治理论教师队伍建设起步较早，后来政治课教研组不仅承担本校的政治课教学，也积极努力支援兄弟院校的课程教学。1952年全国院系调整之后，新成立的北京航空学院的政治理论课即由我校的政治课教研组代教，北京地质学院筹备组建时期的政治经济学课程也是由我校派人去代教。学校第二批选送中国人民大学学习培训的学员共9人，他们毕业后有4人被派往北京航空学院支援他们的思政课程建设，学校原哲学助教陈莲舫后来也调赴北京航空学院。③

第三，注重思想政治理论课程的探索创新。

20世纪50年代是新中国高校思想政治理论课程体系的初建时期，随

---

① 《华北大学工学院史稿》，北京理工大学出版社2018年版第57页。
② 《华北大学工学院史稿》，北京理工大学出版社2018年版第58页。
③ 《华北大学工学院回忆录》，北京理工大学出版社2018年版第57－58页。

第3章 社会主义革命和建设时期思想政治理论课程建设的起步和发展

着国家由新民主主义社会向社会主义社会的过渡，相关课程设置也在不断调整当中。学校的思想政治理论课程建设一方面落实上级精神和要求及时修订完善课程体系，另一方面也综合考虑学校人才培养目标勇于探索创新。

按照教育部有关通知，1953年秋季学期之后学校的政治理论必修课调整为三门，即"马列主义基础""政治经济学""中国革命史"。到1955年，考虑到为社会主义建设培养接班人的现实需要须突出马克思主义哲学的地位，尤其是理工科人才培养中加强马克思主义世界观方法论的培养，学校决定从"马列主义基础"课中分出"马克思主义哲学"课单独开设。一年级开设"中国革命史"，二年级开设"马克思主义哲学"，三年级开设"政治经济学"。

这一调整，不但具有学校自己的特点，而且以后的实践证明这是有前瞻性的。[1] 1956年，高教部下发了《关于高等学校政治理论课程的规定（试行方案）》（以下简称《规定》），其中指出："高等学校的任务，是要'培养国家社会主义建设需要，具有马克思列宁主义世界观，全心全意忠于祖国人民事业，体格健全，掌握先进科学和技术的各种专门人材。'为了不断提高学生的社会主义觉悟，培养学生的马克思列宁主义世界观和共产主义道德品质，必须加强政治思想教育；政治理论课则是进行经常的、系统的政治思想教育的最基本形式。从这一点上看，任何科系的学生，学习政治理论课，有一个共同的要求——必须系统地学习马克思列宁主义的基础知识。为此，高等学校的政治理论课的内容，一般应包括马克思列宁主义的三个组成部分。"《规定》还明确高校必修马列主义课程为"马列主义基础""中国革命史""政治经济学""辩证唯物主义与历史唯物主义"。[2] 学校党委认真贯彻落实了《规定》的要求，四门课全部开设。[3] 思

---

[1] 谈天民《从延安走来——北京理工大学的办学道路》，北京理工大学出版社2018年版第131页。
[2] 北京高等学校校志丛书：《北京理工大学志》，北京理工大学出版社1995年版第308页。
[3] 谈天民《从延安走来——北京理工大学的办学道路》，北京理工大学出版社2018年版第131页。

育心铸魂
—— 北京理工大学思想政治理论课建设史

想政治理论课始终是学校教育工作的重要组成部分。

第四,突出学校特色开展思想政治理论课教育教学。

自延安自然科学院时期起,形势报告、时事教育就是学校的思想政治理论教育的重要组成部分。中华人民共和国成立之后,教育部多次下发"通报""指示",要求各高等学校要系统深入地开展时事教学。1951年教育部发布《关于规定华北区各高等学校成立时事学习委员会的通令》,要求各院校成立时事学习委员会,每月举办1次时事专题讲座,并组织讨论1次,加强学生的爱国主义教育。1956年12月1日,共青团中央第一书记胡耀邦曾在一次讲话中强调,学校的时事和政策教育是学校思想政治教育的重要组成部分,应当作为对学生进行思想教育的一门课程。北京工业学院结合做社会主义新青年、奉献祖国军工事业等专题举办时事报告会,以开阔学生视野,提升学生分析能力,坚定学生的人生观。胡耀邦也曾应邀来校作报告,他说"中国共产党过去是,现在仍然是伟大、光荣、正确的党",勉励"青年们要在党的领导下,为社会主义和共产主义事业的胜利而奋斗"。①

1957年2月,在苏共二十大的背景下,学校请陈赓来校作时事报告,阐释了社会主义阵营的内部团结,分析了匈牙利事件的性质,引导学生正确看待斯大林的错误,他还回答了知识分子及青年学生提出的一些问题,解决了他们思想困惑。② 学校还曾请来中国的保尔、老军人吴运铎给一年级学生作报告,他阐述了"把一切献给党"和"什么是真正的幸福"两个主题,通过他在党的培养下成长为共产主义战士的历程,与学生分享共产主义人生观与幸福观,激发学生献身国防的热情。③ 1957年2月25日至3月2日学校停课一周,学习《论无产阶级专政的历史经验》《再论无产阶级专政的历史经验》,党委负责人魏思文(北京工业学院党委第一书记)、

---

① 《培养科技干部的摇篮》,北京理工大学校史丛书第八卷,北京理工大学出版社2018年版第103页。
② 《培养科技干部的摇篮》,北京理工大学校史丛书第八卷,北京理工大学出版社2018年版第102页。
③ 《吴运铎同志向大一同学作报告》,《北京工业学院校报》1957年4月27日。

第3章 社会主义革命和建设时期思想政治理论课程建设的起步和发展

尚英、郑干分别对教职工和学生作了动员报告。后来讨论的主要问题是：关于社会主义制度、关于无产阶级专政和民主集中制；关于党的领导；关于无产阶级国际主义和资产阶级的民族主义。① 这对学生的思想认识起到了及时的引领作用。

3.2.2 社会主义教育课程的设置与思想政治理论课的曲折发展

1957年反右派斗争结束之后，为了清理资产阶级思想的影响和改造知识分子旧思想，各高等学校都开设了社会主义教育课程。社会主义教育课程一度取代了规范化、体系化的思想政治理论课程，并产生了巨大的影响。作为党领导下的社会主义大学，北京工业学院的思想政治理论课建设与新中国社会主义建设一起经历了曲折发展的历程。

1957年8月16日，北京市举行了马列主义教师报告会，会议解释了接下来在全国高校各年级中开设社会主义教育课程的要求，提出"从当前政治形势出发进行整风和社会主义教育"。会议号召所有马列主义教师，首先做个革命家，做个马列主义宣传家。同年10月，中共中央宣传部专门为设立社会主义教育课程向中央提出请示，认为"高等学校和中级以上的党校，现在都有必要设立社会主义教育的课程以便改造知识分子的旧思想，提高学员的社会主义觉悟。"② 1957年12月10日，高教部、教育部发出了《关于在全国高等学校开设社会主义教育课程的指示》（以下简称《指示》），规定在全国高等学校各年级普遍开设社会主义教育课程，全体学生和研究生必须全部参加学习。《指示》要求各级党委要加强对于课程的领导，认真负责抓好课程建设；《指示》还规定了课程的学习时间，每周学习8学时，课内学习时间不得少于4学时，学习时长暂定1学年，各校也可根据学生的具体情况缩短或延长学习时间。在社会主义教育课程开设期间，原本开设的"马列主义基础""中国革命史""政治经济学""辩

---

① 《培养科技干部的摇篮》，北京理工大学校史丛书第八卷，北京理工大学出版社2018年版第102页。
② 《中共中央对中央宣传部"关于设立社会主义教育课程的报告"的批示》，《学习》1957年第22期第2页。

育心铸魂
——北京理工大学思想政治理论课建设史

证唯物主义与历史唯物主义"四门政治课一律停开。

中共中央决定在高校开展社会主义教育后,这一运动在各地得以全面推动。在北京市,经过一段激烈的反右派斗争以后,各高校也为在新学年开设的社会主义教育课程进行准备工作。中共北京市委为此特地邀请陆定一对北京市马列主义教师作了前面提到的有关开设社会主义教育课程的报告,在报告中号召所有马列主义教师,首先做个革命家,做个马列主义宣传家。

根据有关指示精神,北京工业学院于1957年9月21日公布了《关于进行社会主义思想教育的计划(草稿)》,其中指出:"遵照上级关于'开学后停授马列主义哲学、马列主义基础、政治经济学、中共党史四门政治课'的指示"制定相关计划,其中对开设社会主义教育课程的背景、需要经历的阶段、采用的形式、应该达到的目的等问题作了说明。[①] 根据《关于进行社会主义思想教育的计划(草稿)》中的安排,学校将在一年的时间里开设社会主义教育课程,整个教育教学分为三个阶段:一是动员阶段,听取魏思文有关反右派及相关问题报告并分组讨论;二是讨论阶段,学习毛泽东《关于正确处理人民内部矛盾的问题》,对社会主义革命和社会主义建设是否正确、要不要共产党的领导等问题进行讨论,提高觉悟,划清工人阶级和资产阶级的思想界限;三是思想总结阶段,在学习相关文件,认识到进行思想改造重要性的同时,对资产阶级思想进行批判等。[②]

在教学组织运行、教学内容安排、教学方式方法等方面,这一课程都与之前所开设的马克思主义理论课程大为不同。

首先,社会主义教育课程在专门领导机构的组织下开展推进。从1957年9月上旬着手准备,学校后来还成立了社会主义教育课程领导机构,直接领导组织全校的社会主义教育课程开展。社会主义教育课程开设之初,

---

[①]《关于进行社会主义思想教育的计划(草稿)》,《北京工业学院校报》1957年9月21日第1版。

[②]《关于进行社会主义思想教育的计划(草稿)》,《北京工业学院校报》1957年9月21日第1版。

第 3 章 社会主义革命和建设时期思想政治理论课程建设的起步和发展

学校即解散了政治教研室,后来学校向常庄子农业社下放第一批 180 名干部教师,其中政治教研组全体下放干部有寇平、傅国华、薛析如、阎如和、吴威、刘汉杰、陈秀芸、李襄君、彭家泉、刘凤华、刘云、叶毅、张圣佑、韩谷诒、崔志高、苏建州、雷应春、王书文、韩焜烈、常青山。① 接下来的社会主义教育课程开设中,师生员工被划分成 500 多个小组,从各系抽调了 60 多名"立场坚定的同志"成为半脱产的社会主义教育课程的辅导员。学院党委多次召开会议讨论,以确保严密的组织性。② 校党委直接部署辩论活动,魏思文等校领导深入课程一线,主讲专题报告,主持师生讨论。

其次,社会主义教育课程以《关于正确处理人民内部矛盾的问题》为中心内容。《中共中央宣传部关于设立社会主义教育课程向中央的报告》附录中的《社会主义教育课程的阅读文件》列举了课程最低限度和最高限度的阅读文件。最低限度的阅读文件共九十三篇文章,主要围绕以下问题:两类不同性质的矛盾;肃反问题;农业合作化问题;工商业者问题;知识分子问题;少数民族问题;关于百花齐放、百家争鸣、长期共存、互相监督;关于少数人闹事问题;坏事能否变好事;关于节约;中国工业化的道路。其中,"两类不同性质的矛盾"计三十篇文章,约占三分之一。最高限度的阅读文件共五十二篇文章,和最低限度的阅读文件相比,少了"关于少数人闹事问题"和"中国工业化的道路"专题,"两类不同性质的矛盾"计十九篇文章,约占三分之一。③ 由此可知,"关于正确处理人民内部矛盾的问题"可以说是这门课程的中心内容,重点在于解决整风反右过程中人们思想中存在的认识不清的问题。

最后,社会主义教育课程的学习方式采取了整改、大讨论、专题报告和辅导等形式。社会主义教育课程强调坚持理论和实际相结合的方针,其

---

① 《政治教研组全体下放干部给党委会的一封信》,《北京工业学院校报》1957 年 12 月 6 日第 1 版。
② 《为开展社会主义思想教育 我院进行一系列的准备工作》,《北京工业学院校报》1957 年 10 月 11 日第 1 版。
③ 《社会主义教育课程的阅读文件》,《学习》1957 年第 22 期第 3 - 8 页。

重要表现为开设社会主义教育课程是根据形势与任务的需要而采取的新举措，目的之一即解决实际工作中的问题。整改即改进工作中的种种不足，是社会主义教育课程的形式之一。比如，北京工业学院院长助理张耀南曾在院务会议上结合实际工作谈整改，他具体介绍了干部福利和干部政策、教学条件与环境卫生的改善、扩大民主生活、教学与行政工作展览会的设立、加强大一学生的领导管理、各级领导工作作风、房屋调配等方面的改进情况①，整改学校中的各项工作是开展社会主义教育课程的重要途径和载体。值得一提的是，随着整改工作的进行、机构的精简，下放教员、干部和学生到农村去参加生产劳动进行思想改造是整改工作中的重要内容。1957年11月20日，魏思文向北京工业学院全体教职工做了《用革命精神精简机构　到农业战线上去锻炼自己》的动员报告。经过宣讲和动员，北京工业学院近100%教职工主动申请下放劳动。② 下放劳动成为社会主义教育课程的内容之一。

　　开设社会主义教育课程的目的之一是密切联系师生思想实际，用工人阶级思想批判资产阶级思想和小资产阶级思想，用马列主义的立场、观点和方法克服非马列主义的立场、观点和方法。教育部的"指示"也要求用摆事实、讲道理的讨论达到辨明是非的目的。"大讨论"也是社会主义教育课程的主要形式。在这一思路的指导下，各高校积极开展大讨论以加强社会主义教育。11月9日，北京工业学院党委召开学生中的党团分支委以上干部会议，对在学生中开展一个以配合整改，树立共产主义学风为中心的社会主义大讨论问题做了布置，党委领导对大辩论的意义、议题等做了说明。③ 11月10日，北京工业学院多数班级开展了第一次讨论，讨论的中心是如何正确对待人民助学金问题，并讨论了学生申请助学金工作中存在

---

　　① 《狠狠的改进工作就是对右派分子最有力的打击》，《北京工业学院校报》1957年9月21日第2版。

　　② 《广大教职工热烈响应党的整编下放号召》，《北京工业学院校报》1957年11月28日第1、3版。

　　③ 《党委会召开学生党团干部会议　布置同学中开展社会主义大辩论问题》，《北京工业学院校报》1957年11月14日第1版。

第3章 社会主义革命和建设时期思想政治理论课程建设的起步和发展

的不合理现象等①。这次讨论结束后，根据学校党委的安排，围绕着如何认识和对待劳动的问题，又组织了系列辩论。

高校社会主义教育课程的设置带来一项重要的变动是高校中思想政治理论课的暂时停止，用社会主义教育课程代替以教师教授为主，依托教材的体系化、规范化的思想政治理论课。但是，在社会主义教育课程实施过程中，专题报告和辅导也是这门课程的补充。如为了凸显对辅导工作的重视，1957年10月11日，魏思文作了《努力做一个国防战线上的工人阶级知识分子》的报告，这是学校社会主义教育课程的第一次课程②。在这次辅导报告中，魏思文阐述了社会主义革命问题，立足北京工业学院政治思想情况论证了开展社会主义思想教育的必要性和意义，开展社会主义思想教育运动的任务、步骤和方法等问题。专题报告和辅导的主要目的在于使高校社会主义教育课程的内容和形式更加丰富，从而更容易被受教育者接受。

在社会主义建设全面大规模刚刚开展和整风反右高潮刚结束不久之际，在高校开展的社会主义教育课程其目的在于解决大学生和知识分子思想上普遍存在的问题，"提高认识，改造思想""消灭资本主义思想，兴社会主义思想"③，在对大学生进行思想政治教育、改造知识分子的思想观念、改进高校各项工作方面起到了一定的作用。在意识形态思想教育方面，这场教育运动在清除和"自觉地批判个人主义、本位主义、自由主义、无政府主义"④等思想起到了积极的作用。学校少数师生存在的个人主义、片面强调教学科研和政治学习的倾向得到了很大程度的纠正⑤，帮助师生更加认同社会主义制度、献身社会主义建设。在人生观价值观培养

---

① 《全院同学投入社会主义大辩论　第一次辩论的中心是如何正确对待人民助学金问题》，《北京工业学院校报》1957年11月14日第3版。
② 《努力做一个国防战线上的工人阶级知识分子》，《北京工业学院校报》1957年10月11日第1版。
③ 《一场热烈的、有丰富思想收获的大辩论》，《学习》1958年第1期第32页。
④ 《怎样认识"社会主义教育课程"？》，《学习》1957年第23期第19页。
⑤ 《全院师生员工热烈进行社会主义思想教育第一课的讨论》，《北京工业学院校报》1957年10月17日第1版。

方面，教师、干部、学生下放参加农业生产劳动，有助于改变学校中轻视体力劳动的思想观念。社会主义教育课程开设期间，学校组织学生赴多地参加义务劳动，1958年年初，近千名学生利用寒假到北京工务段参加劳动，和工人师傅一起筑铁路、扛枕木①；学生们还参加了十三陵水库修筑工程，在这支学子劳动大军中，有一支由12551班和12556班组成的115排，每天完成的土方指标都名列前茅，后被授予"红色青年排"的光荣称号②。通过这些活动，师生学到了劳动技能，支援了工农业生产，促进了师生世界观的改造，劳动光荣得到了师生员工的认同③。在具体工作方面，也有一定的改进。整改工作的进行对改进高校的工作、解决问题具有重要的作用。北京工业学院在社会主义教育课程开设时期接到超过3万条的群众意见，涉及请领导干部深入基层，加强与群众的联系，等等④，学校由此制定了领导干部联系群众的办法。这些对改进学校的工作是有很大的积极意义⑤。

不过，社会主义教育课程的开设以停开系列思想政治理论课程为前提，这一定程度上影响了高校正规化的思政课程教学，思想政治教育难以保持连续性、规范性和体系性。

3.2.3　北京工业学院思想政治理论课的恢复与挫折

1957年开展的社会主义教育课程一度取代了原有的思想政治理论课程，在1958年的"大跃进"中我国教育领域也开展了一场"教育革命"，思想政治理论课继续被停开，思想改造和生产劳动取代了马列主义理论学习。在此背景下，北京工业学院政治教研室的部分教师被下放到地方参加

---

① 《向工人学习　在劳动中锻炼　我院近千名同学寒假参加修筑铁路劳动》，《北京工业学院校报》1958年3月1日。
② 《红色歌曲激励我们前进——"红色青年排"命名的一段插曲》，《北京工业学院校报》1958年5月30日。
③ 《广大教职工热烈响应党的整编下放的号召》，《北京工业学院校报》1957年11月28日第1版。
④ 《全院整改工作正在继续深入进行》，《北京工业学院校报》1957年11月14日第1版。
⑤ 《院部制定领导干部联系群众的办法》，《北京工业学院校报》1957年11月14日第1版。

第3章 社会主义革命和建设时期思想政治理论课程建设的起步和发展

劳动锻炼。

1959年4月6日至7月27日,教育部在北京举办马克思列宁主义课程教师学习会。会议提出今后必须改进教学方法,引导学生认真读书,系统地学习理论。高等学校公共必修课的马列主义课程定为"社会主义""政治经济学""哲学""中共党史"四门。理工农医院校一般开三门。"中共党史"选读毛泽东著作,"社会主义"以《马克思主义的三个来源和三个组成部分》《共产党宣言》等为教材,"政治经济学""哲学"选用苏联教材①。

根据上述要求,北京工业学院决定恢复政治教研室,并改名为马列主义教研室,恢复马克思主义理论课。为了进一步提高教师水平,党委还派30多位新教师到中国人民大学去听课,等等②,设法提升思政课教师的理论素养和教学能力。1959年6月,学校重新修订了思想政治理论课教学计划,政治课由每周一天的社会主义教育改为上三门政治理论课,即哲学、党史、政治经济学③。到1960年,重建的政治教研室下设3个教学组,即马克思主义哲学教学组、政治经济学教学组、中国革命史教学组。1959年之后,在校大学生必修的政治理论课固定为"哲学""政治经济学""中共党史"。

对于政治理论课,学校高度重视,1959年秋季学期开学初,党委书记刘雪初向全校学生作报告,强调"加强政治理论教育 提倡认真读书风气",反对"轻政治,重业务"的错误倾向④。这一学期的学习,政治课都利用教科书进行讲授。在批判"认真读书就是背教条"错误看法的基础上,很多班级在开课前就买了教科书,至10月中下旬,仅"三勤书店"就出售了《马克思主义哲学原理》《政治经济学》《马克思主义三个来源和三个组成部分》等教科书一万余册。为了进一步提高政治课的教学质

---

① 石云霞《高校思想政治理论课程建设史研究》,武汉大学出版社2006年版第42页。
② 《全院师生认真学习政治理论课》,《北京工业学院校报》1959年10月23日第3版。
③ 《培养科技干部的摇篮》,北京理工大学校史丛书第八卷,北京理工大学出版社2018年版第118页。
④ 《加强政治理论教育 提倡认真读书风气》,《北京工业学院校报》1959年9月11日第1版。

量，党委书记刘雪初、宣传部部长李黎等亲自参加政治教研组制定教学大纲并亲自讲课。① 学校的思想政治理论课得到了推进和发展，思想政治教育在学校各项工作中被摆在了极其重要的位置。

1960年，由于在社会主义发展道路等方面的认识不一致，中国和苏联之间的关系出现了恶化，如何认识苏联共产党、如何看待苏联的社会主义建设等成为当时我国思想政治教育工作的重要问题。在此背景下，北京工业学院的思想政治理论教育的开展也深受影响。1960年春天，学校组织师生学习《列宁主义万岁》等三篇文章，逐步明确了关于"战争与和平""不同社会制度国家之间和平共处""从资本主义向社会主义过渡"等马克思列宁主义的基本问题，明确了现代修正主义是当前国际共产主义运动中的主要危险，从而批判了修正主义的各种谬论，深入领会了马克思列宁主义的基本原理，发扬了马克思列宁主义的彻底革命精神。这一时期的"中共党史"的教学中贯穿着毛泽东著作的学习，毛泽东著作学习小组如雨后春笋，遍及全校，有950多个学习小组，参加人数达6 700名以上。② 对于中苏关系恶化背景下的思想政治理论课教学，学校领导人予以了高度重视，在1960年《中国共产党北京工业学院党委会向第四届代表大会的工作报告》中，魏思文就指出："在教学改革中，学校特别强调要加强全面地贯彻执行党的教育方针，注重共产主义思想觉悟和道德品质的培养，把学生培养成'又红又专''一专多能'的工人阶级知识分子。学校党代会报告中特别提到要继续提高政治理论课的教学质量，结合学生思想实际与当前中国阶级斗争的实际来贯彻政治理论课的讲授，切实转变分析少、引证多、照本宣布结论的教条主义现象。"③

1961年，为了扭转"大跃进"对高等教育造成的影响，教育部制定并公布了《中华人民共和国教育部直属高等学校暂行工作条例（草案）》

---

① 《全院师生员工认真学习政治理论课》，《北京工业学院校报》1959年10月23日第3版。
② 魏思文《中国共产党北京工业学院党委会向第四届代表大会的工作报告》，1960年7月15日。
③ 魏思文《中国共产党北京工业学院党委会向第四届代表大会的工作报告》，1960年7月15日。

第3章 社会主义革命和建设时期思想政治理论课程建设的起步和发展

（即《高教六十条》），其中第十条规定："高等学校各专业都必须加强政治理论课程的教学，指导学生认真学习马克思列宁主义、毛泽东著作，学习国内外形势和党的方针政策，进行共产主义道德品质的教育。""政治理论课程的教学时间，理、工科占总学时的百分之十左右；文科一般占总学时的百分之二十左右。"① 这个条例的制定，是中华人民共和国成立后，我国高等教育发展史上的一个里程碑，它标志着高校各项工作包括思想政治理论课教学走上了正轨。② 不久，教育部下发了《教育部高等工业学校本科（五年制修定教学计划的规定（草案书）》，指出"政治理论课的任务是向学生进行马克思列宁主义教育，帮助他们学习马克思列宁主义、毛泽东思想的基本原理，学习国外的形势和党的方针政策，提高思想政治觉悟"。"马克思主义基础理论课程，一般设置马克思列宁主义概论和中共党史两门，上课时数一般可定为210学时左右。"③

据此，北京工业学院教务处于1961年6月发布《关于1961—1962学年课程计划的规定》，新修订的课程计划重新规定了政治课的学时数，1961级开设"中共党史"，80学时；1959级、1960级开设"马克思主义哲学"，80学时；1958级开设"政治经济学（社会主义部分）"，80学时。从中可以看出，学校的政治理论课不仅学时符合教育部规定，而且从内容上还体现出对马列主义哲学的重视。④ 不过，1961年7月修订教学计划时，政治学习课有所减少，课内总学时为3 200～3 500，最多不超过3 600，党史及马列课为210学时，政治报告每月平均6学时。⑤

由于"大跃进"和反右倾斗争的错误，以及自然灾害和苏联政府背信弃义撕毁合同、撤走全部专家，中国国民经济受到严重的影响。从1962年

---

① 《建国以来重要文献选编》第14册，中央文献出版社1997年版第584-585页。
② 石云霞《高校思想政治理论课程建设史研究》，武汉大学出版社2006年版第44页。
③ 谈天民《从延安走来——北京理工大学的办学道路》，北京理工大学出版社2018年版第131页。
④ 谈天民《从延安走来——北京理工大学的办学道路》，北京理工大学出版社2018年版第131页。
⑤ 《培养科技干部的摇篮》，北京理工大学校史丛书第八卷，北京理工大学出版社2018年版第133页。

育心铸魂
——北京理工大学思想政治理论课建设史

至1965年,为了战胜困难,我国进行国民经济调整,其中就包括精简城镇职工等。这对北京工业学院的思想政治理论课教师队伍也造成了较大的影响。1962年至1963年,为了精简干部,调走一批政治教师。到1965年,政治教研室只剩25人。1966年"文化大革命"开始前,政治理论课教师全部被分到各个系。①

"文化大革命"发生后,学校的思想政治理论课建设同样受到了冲击,遭遇很大的挫折。从政治理论课教研室的领导体制来看,20世纪50年代初成立的政治理论课教研室是直接隶属学校的教研室,教学业务归校党委书记领导。1959年后,随着学校规模的扩大,马列主义教研室(政教)归校专职党委副书记负责,大量日常的学生思想政治宣教工作由校团委更多地组织进行,②马列主义考研室工作也受到冲击。

受制于大环境的影响,从1966年6月到1972年5月恢复招生期间,学校陷于不读书、不教学的状态,部分师生受到批判和迫害。③思想政治理论课程建设也被迫中断。1972年5月8日,北京工业学院招收了"文化大革命"期间的第一批学员975人(普通班852人)。④在恢复招生的背景下,政治课学习《共产党宣言》《国家与革命》等经典著作。1973年,学校设立马列主义教研室,分到各系的教师又陆续回到教研室,恢复"马克思主义哲学""政治经济学""中共党史"3个教学组。到1976年,马列主义教研室恢复到35人。

至1977年恢复高考制度以前,整个高等学校的马克思主义理论教育的主要内容,都是学习毛泽东著作。开设这门课的基本做法,概括起来,有以下几个方面:(1)根据政治运动形势开设课程,选学有关的毛泽东著作;突出重点,急用先学,边干边学。改变了以课本为中心、以教师为中

---

① 北京高等学校校志丛书:《北京理工大学志》,北京理工大学出版社1995年版第309页。
② 谈天民《从延安走来——北京理工大学的办学道路》,北京理工大学出版社2018年版第161页。
③ 《培养科技干部的摇篮》,北京理工大学校史丛书第八卷,北京理工大学出版社2018年版第157页。
④ 《培养科技干部的摇篮》,北京理工大学校史丛书第八卷,北京理工大学出版社2018年版第159页。

心的方法。(2) 开展"革命大批判"是基本任务,"革命大批判"批判资产阶级,还应该深入到学科领域,批判哲学、政治经济学等领域内的所谓"反动的资产阶级思想体系"。(3) "开门办学",把大学办到社会上去,坚持以社会作"课堂",以阶级斗争为"主课"。(4) 建立工农兵、原有教师和学生三结合的无产阶级教师队伍。"工农兵教员"被认为是教师队伍中的一支最有生气的革命力量。(5) 彻底改革教材。打破旧的教材体系,以毛泽东思想为武器,以工农兵的需要为出发点,以"三大革命(阶级斗争、生产斗争、科学实验)"为源泉,编写无产阶级新教材。[①] 在此过程中,北京工业学院的思想政治理论课与时代紧紧地联系在了一起,经历了曲折发展的历程。

3.3 思想政治理论课程体系的建设及其经验

中华人民共和国成立至1978年十一届三中全会以前是北京工业学院思想政治理论课发展史上非常重要的一个时期,这一时期的思想政治理论课建设得到过长足的发展,也遭遇了不少的挫折,积累了宝贵的经验,也存在一定的不足。

3.3.1 北京工业学院思想政治理论课程建设的宝贵经验

社会主义革命和建设时期,北京工业学院的思想政治理论课建设进行了深入的探索,取得了明显的成效,积累了许多宝贵的历史经验。

第一,思想政治理论课建设一定要坚持党性原则,积极贯彻党和国家的重要决策和部署。北京工业学院是党领导下一所具有光荣历史的学校,在历史上形成了高度重视马克思主义理论教育的深厚积淀。中华人民共和国成立后,学校紧密结合党和国家的大政方针以及时代发展的要求,深刻领会相关的指示和精神,迅速开展思想政治理论课建设并取得成效,充分体现了党领导下的新型大学肩负的立德树人的历史使命。正是在党的领导

---

① 石云霞《高校思想政治理论课程建设史研究》,武汉大学出版社2006年版第83页。

下，积极贯彻和落实党和国家重要战略部署、政策指示和相关精神是北京工业学院能够走在高等理工院校思想政治理论课建设的前列并成为先行者的根本原因。因此，思想政治理论课建设必须充分体现党、国家和人民的意志，坚持正确的政治方向。

第二，思想政治理论课建设一定要重视师资队伍建设。教师是思想政治理论课教学的承担者和发动者，在课程教学过程中居于主体的地位，坚强有力的师资队伍是思想政治理论课取得实效性的重要前提。回顾这一时期尤其是建国初期北京工业学院的思想政治理论课建设，师资队伍建设被摆在了重要的位置。中华人民共和国成立初期，学校积极重视从校外引进人才以推动学校思想政治理论课建设，并且积极联系中国人民大学开展思想政治理论课教师队伍的培训，这为学校思想政治理论课教师队伍的成长发展起到了重要的促进作用。相对强大的师资队伍才使得学校有能力援助其他兄弟院校思想政治理论课的建设和教学开展工作。

第三，思想政治理论课建设一定要重视规范化建设。北京工业学院的思想政治理论课建设一开始就高度重视规范化建设。建国初期严格按照教育部等的相关要求，开设相应的课程并积极落实相应的学时要求是规范化建设的重要体现。同时，为了保证思想政治理论课朝着正确的政治方向发展和教学实效性的取得，学校成立了政治课教学委员会，学校重要领导干部负责相关工作，这对思想政治理论课走向规范化有着重要的推动和促进作用。此后，虽然有政治运动的冲击和影响，在积极贯彻党和国家政治指示和相关精神的基础上，学校积极制订教学计划并派遣教师到中国人民大学等相关单位听课学习，同样体现了学校高度重视思想政治理论课规范化建设。

第四，思想政治理论课建设一定要紧密结合时事热点，注重课程教学内容的时代性。思想政治理论课具有极强的时代性，需要与深刻变动的社会现实紧密结合在一起。在思想政治理论课建设过程中，北京工业学院高度重视课程与国家时事热点紧密结合，赋予思想政治理论课教学内容的时代性。思想政治理论课建设初期，学校积极开展形势报告、时事教育，并邀请重要党政领导干部如解放军总政治部文化部部长陈沂、李达上将、陈

第 3 章 社会主义革命和建设时期思想政治理论课程建设的起步和发展

赓大将到学校作报告,这就是注重思想政治理论课建设时代性的重要体现。这种时事报告教育对创新思想政治理论课教学的形式和丰富课程内容起到了积极的促进作用。

3.3.2 北京工业学院思想政治理论课程建设存在的不足

由于思想认识等因素的影响,这一时期北京工业学院思想政治理论课建设在取得重大成就的同时,也存在一定的不足,主要体现在以下几个方面:

第一,思想政治理论课建设受到苏联的影响较大,一定程度上容易存在教条主义的倾向。中华人民共和国成立后,由于经验不足等因素的影响,我国高等教育办学过程深受苏联的影响,思想政治理论课建设也深受苏联的影响,如政治经济学、哲学、联共党史等在教材的使用和内容的安排上深受苏联的影响,思想政治理论课在教学过程中一定程度上打上了苏联的烙印,对马克思主义的认识可能更多地受到苏联的影响,产生教条主义倾向,也影响对马克思主义的真正理解。

第二,思想政治理论课建设在教学质量方面也有待提升。这一时期尤其是建国初期的思想政治理论课,在党的领导下得到切实的推行,并朝着规范化正规化方向发展;不过必须承认的是,由于办学经验得不足等因素的影响,思想政治理论课在教学质量方面还存在一定的不足,与实际结合得不够,分析少、引证多,照常宣布结论的教条主义现象[①]制约了思想政治理论课教学质量的提升和实效性的取得。

第三,思想政治理论课建设存在对教育规律尊重不够的状况。思想政治理论课最主要的是向学生传递正确的思想政治观念,传递党和国家的理论、路线、方针和政策,使学生形成正确的思想政治观念,因此,思想政治理论课受到政治因素的影响亦理所当然。但是,思想政治理论课建设也要遵循教育的一般规律。回顾这一时期的历史,思想政治理论课建设存在

---

① 魏思文《中国共产党北京工业学院党委会向第四届代表大会的工作报告》,1960 年 7 月 15 日。

对教育规律尊重不够的状况。整风反右之后相对正规化的思想政治理论课被社会主义教育课程取代,"大跃进"时期思想政治理论课被继续暂停和教师被下放,"文革"时期政治教研室被解散,等等,这些对思想政治理论课的长远发展都是极为不利的,是尊重教育规律不足的重要表现,这对思想政治理论课建设朝正规化方向发展产生了负面影响。

第4章　改革开放之后思想政治理论课程建设与探索

党的十一届三中全会以后，高校的思想政治理论教育得到恢复和重建。1978年4月，教育部发出了"关于加强高等学校马列主义理论教育的意见"，[①] 由此开始了高校思想政治理论课程建设的新阶段。一方面，肃清林彪、"四人帮"的流毒，拨乱反正，使马克思主义理论逐步正规化；另一方面，为了适应改革开放和社会主义现代化建设的新需要，中央采取系列措施，下发课程实施方案，指导高校思政课程建设的有序发展。在新的历史条件下，高校思想政治教育既要克服国内"左"的和右的思潮干扰，又要应对和阐释国际社会主义阵营发生的新变化。这一时期，高校思想政治教育教学在抓住机遇、接受挑战中出现了良好局面。

北京工业学院的思想政治理论课程建设也在这一大背景下顺利展开。学校积极落实中央政策精神，一方面，充分认识马列主义理论教育教学在高等教育中的重要地位，发挥思政理论课程在学校育人工作的重要作用；另一方面，建构完善思想政治理论课的领导体制、课程体系和教师队伍，提升教学效果。学校的思想政治理论课程建设在这一时期取得长足的进步，教育教学成果显著。

---

① 石云霞《高校思想政治理论课程建设史研究》，武汉大学出版社2006年版第90页。

4.1 拨乱反正中起步的思政课教育与教学

1978年春天,北京工业学院迎来恢复高考之后的第一批学生,和全国其他高校一样,学校各项工作逐步走上正轨。随后,北京工业学院的思想政治理论课程建设重新起步,在改革开放之初6年左右的时间里,恢复思政课教学,完成课程调整工作。

4.1.1 打破枷锁,解放思想:思想政治教育教学的新任务

十一届三中全会以后,党的路线、方针、政策做了重大调整,停止使用"以阶级斗争为纲"的口号,开始了党和国家工作重心的转移,对外实行开放,对内启动改革。在这一背景下恢复的高校思想政治理论课程面临着许多新问题和新任务。当时,北京工业学院在思想政治教育教学方面存在的困难是:思想政治教育工作的地位作用还待提高,需要加强学习,统一认识;思政教育教学队伍仍不健全、不稳定,亟须加强"文革"中受到影响的相关教研室的建设;调查研究工作还不充分,还未能系统地总结出以往思想政治工作的经验和教训;在改革开放新的历史条件下开展思想政治理论课教育教学的工作才刚起步,对其中存在的教育规律和教学特点的探索还不太清楚,等等。总的来看,"思想政治工作软弱涣散的局面还没有根本改变"。[1] 学校在分析新形势、新问题的基础上,开始了思想政治理论课建设的新探索。

首先,解放思想,重新强调实事求是、理论联系实际。经过批判林彪、"四人帮"反革命集团,特别是总结"文化大革命"的经验和教训,人们从思想上冲破"左"的束缚,打破精神枷锁,解放了思想。学校组织学生学习党的路线、方针和政策,使他们坚持四项基本原则,深刻理解改革开放伟大转折的现实意义,鼓励他们献身国家的社会主义现代化建设。

---

[1] 《院党委关于加强思想政治工作的认识和建议(讨论稿)》,1984年4月,北京理工大学档案馆。

第4章　改革开放之后思想政治理论课程建设与探索

其次，重新确立马克思主义理论教育教学的重要地位。高等学校的马克思主义理论教育教学事关马克思主义在我国的指导地位、事关社会主义高等学校的性质，在高校办学中具有不可替代的意义。学校加深对于马克思主义理论课程的认识，强调课程在帮助学生完整准确理解马克思主义、毛泽东思想的科学体系，提高社会主义觉悟，树立无产阶级世界观和方法论，初步具有马克思主义立场、观点和方法等方面的意义，从而使思想政治理论课程成为学校整体课程建设中的重中之重。

再次，分析掌握学生的思想情况，增强思政教育教学的针对性。由于历史的原因，北京工业学院既需要彻底肃清"左"的影响，还需要抵制右的思潮冲击，人们的思想出现不同程度的复杂化，使得当时的思想政治教育工作出现一定的难度。

在革命战争时期，延安自然科学院思想政治教育的特点之一是学校教育的育人目标和受教育者的革命目标是一致的，如培养"抗战建国""革命通人，业务专家"等，这些目标在受教育者的心目中非常明确，很容易激发共情，思政教育的效果十分显著；20世纪五六十年代，北京工业学院的学生大多经历了1949年前后的社会变革，对新旧社会的对比认识，对中国共产党的坚强领导、社会主义的制度优势都有切身体会，接受思想政治教育、树立共产主义人生观比较顺理成章；但是，经过"文革"十年动乱之后，社会风气、群众心理发生了变化，这也在相当程度上影响到青年学生，"人们的思想搞乱了，党风不正，社会风气不正，虽然大多数人依旧相信党，相信社会主义，坚信四化必成，但牢骚比过去多了，不信任情绪比过去大了"。[①] 了解掌握课程教学对象的思想情况，有针对性地调整课程、探索教学改革，北京工业学院的思想政治理论课建设正是在这一基础上得到快速发展。

最后，凝聚共识，发挥思想政治教育教学的育人作用。经过多方讨论，在师生当中形成普遍共识：十一届三中全会的召开、改革开放的举措

---

① 《院党委关于加强思想政治工作的认识和建议（讨论稿）》，1984年4月，北京理工大学档案馆。

是党和人民作出的伟大选择，中国的社会主义现代化建设迎来新时期。作为国家发展的战略重点之一，中国的高等教育要面向现代化、面向世界、面向未来。在培养具有马克思主义世界观和共产主义道德的青年一代的历史重任中，高等教育尤其是高校的思想政治理论课程教育教学起着独特的作用。思想政治教育工作适应这种形式的发展，要加强思想政治教育课程的建设，加强思想政治理论教师的培养，建立一支训练有素的队伍。于是，北京工业学院面临的首要任务就是迅速调整长期"运动"中的思想政治教育课程建设。

4.1.2 健全体制、传承创新：落实"80试行方案"改进课程建设

1979年年初，为了使教学工作走上正轨，学校教务部门制订了新的教学计划和教学大纲，4月14日院务会议讨论通过教务部门的相关意见。后经多轮的研究讨论，至年底全校各专业的教学计划全部修订完毕。这是自1962年以来北京工业学院第一次全面的、大规模的修订教学计划和教学大纲。①

在这一版的教学计划中，拟将"中共党史""政治经济学""马克思主义哲学"三门课程作为思想政治理论必修课，课时总计180学时。② 这一课程设置体现着教育部的相关精神要求。1978年10月，教育部发出关于讨论和试行《全国重点高等学校暂行工作条例（试行草案）》的通知，其中规定了政治理论课的教学内容和教学时间，这是未来思政课实施方案的先声。1980年7月，教育部又制定了《改进和加强高等学校马列主义课的试行办法》，提出必须明确高等学校马列主义课的地位和作用，树立和坚持正确的教学方针，改进教学方法，加强教师队伍建设，③ 这就是思想政治理论课建设历史上的"80试行方案"。"80试行方案"再次确认，根据实践经验和现有条件，确定在全国高校本科开设"中共党史""政治经

---

① 《培养科技干部的摇篮——北京理工大学发展史》，北京理工大学出版社1990年版第199页。
② 《从延安走来——北京理工大学的办学道路》，北京理工大学出版社2004年版第132页。
③ 《中国教育年鉴》(1949—1981)，中国大百科全书出版社1984年版第853－837页。

济学""马克思主义哲学"三门课程，列为各类专业的必修课，不能选修或者免修。每门课程的开课均为一学年，全年开课不少于70学时。

学校严格落实"80 试行方案"，在课程设置、教学环节、师资队伍等方面给予大力支持。学校党委尤其关注思政课教学质量的提升，为此，学校开展了思想政治理论课程专项教学检查。1980 年年底，北京工业学院党委常委会专门听取了思政课教学检查的情况汇报，总结经验与问题，研究解决办法和工作举措，作出"加强和改进政治理论课教学的决定"，强调政治课是社会主义高等学校教学计划、教学大纲、教学内容的重要组成部分，这门课的教学工作及其在学校的地位只能加强，不能削弱，它是每个学生的必修课，要不断提高教学质量，提高学生学习的自觉性，严格考试考查制度。①

在课程教学检查的基础上，学校党委提出"要加强对政治课教学的领导，建立和健全领导体制。"② 政治课的实施机构是马列主义教研室系（处）级的教学单位，校党委又专门委派一名副书记分管思政课建设工作。为确保课程教学质量，要求"各系、基础部指定一名党总支副书记或副主任分管这一工作，辅导员、班主任要经常了解、检查学生学习政治课的情况"。③ 多方力量共同抓好思想政治教育教学的做法是后来协同育人的体制机制、"大思政"育人格局的萌芽。

北京工业学院关于"加强和改进政治理论课教学的决定"还强调，改进和加强政治课的教学，不断提高教学质量。在教学工作中，坚持党的政治路线和思想路线，做到实事求是，理论联系实际。思政教学要联系学生的思想实际，这要求教师了解学生的思想情况，讲课要有针对性，提高学生的思想认识；思政教学还要联系社会实际，用马列主义、毛泽东思想的基本原理来研究新情况、解决新问题，使政治课不断适应社会主义现代化

---

① 《培养科技干部的摇篮——北京理工大学发展史》，北京理工大学出版社 1990 年版第 234 - 235 页。
② 《培养科技干部的摇篮——北京理工大学发展史》，北京理工大学出版社 1990 年版第 234 - 235 页。
③ 《培养科技干部的摇篮——北京理工大学发展史》，北京理工大学出版社 1990 年版第 234 - 235 页。

育心铸魂
——北京理工大学思想政治理论课建设史

建设发展的新形势。①

思政课的教学实际中也发现了一些问题,尤其是教师讲课有顾虑,具体表现有:讲课"照本本",不敢讲自己的见解,不敢理论联系实际,怕讲错了,怕打棍子等。② 学校针对这种情况,对政治理论课教师的政治责任提出要求:对学生进行思想政治教育,要注意到他们的特点。学生年轻,正处于世界观形成阶段,既要结合业务学习进行思想政治工作,也要注意对学生进行系统的马列主义基本理论和共产主义思想品德的教育,两者不可偏废。③

在协同育人、齐抓共管的思政教育思路中,学校教职员工都有开展思想政治理论教育的职责。这一时期,学校就曾有过领导干部登台讲思政课的尝试。

1981年6月,中国共产党十一届六中全会召开,会议一致通过《中国共产党中央委员会关于建国以来党的若干历史问题的决议》(以下简称《决议》)。《决议》肯定了毛泽东的历史地位和毛泽东思想,实事求是地评价了建国以来党的历史,彻底否定了"文化大革命"和"无产阶级专政下继续革命"的理论。北京工业学院由领导干部主持组织全体学生深入学习《决议》,学习活动中把《决议》内容的八个题目分成七讲,各讲任务落实到人,由院党委正副书记、正副院长带头,院宣传部和学生工作部负责人、各系党总支正副书记、部分正副系主任等组成近百人的宣讲队伍,陆续深入课堂,用上合班课的办法对学生面对面宣讲。④ 这极好地帮助学生领会了《决议》精神,在事关正确认识毛泽东思想是党的指导思想、正确理解确立适合我国国情的建设社会主义现代化强国的发展道路等方面形

---

① 《培养科技干部的摇篮——北京理工大学发展史》,北京理工大学出版社1990年版第234－235页。

② 《院党委关于加强思想政治工作的认识和建议(讨论稿)》,1984年4月,北京理工大学档案馆。

③ 《院党委关于加强思想政治工作的认识和建议(讨论稿)》,1984年4月,北京理工大学档案馆。

④ 《培养科技干部的摇篮——北京理工大学发展史》,北京理工大学出版社1990年版第235页。

成共识，激励学生同心同德为实现新的历史任务而奋斗。

作为协同育人的另一种体现，学校要求思想政治课教师也要参与到学生日常思想教育工作当中。强调教师是学生政治上的导师，需要具备理论、调研、讲授三方面的能力。在新的形势下，学校鼓励政治理论课教师应该是政工队伍中的骨干，要深入到学生中去，兼做一些学生支部工作或班主任工作，尝试建立联系学生班制度。教师不仅要讲授基础理论，要指导学生的思想，还要解惑，要理论联系实际，学校还把这些要求作为思想政治理论课教师晋升的重要依据。[①]

4.1.3 专兼结合，来源多元：对思政队伍建设的有益探索

马克思主义理论课教师是高等学校进行思政理论教育教学的骨干力量，1978年全国教育工作会议召开，邓小平在会议讲话指出，"一个学校能不能为无产阶级培养合格人才，培养德智体全面发展，有社会主义觉悟的有文化的劳动者，关键在教师。"20世纪80年代初期，北京工业学院的思政师资情况还不够理想，这也是全国高校思政课程建设中普遍存在的问题，表现为：队伍在思想理论水平、知识结构、培训、职称待遇等方面存在不少问题，还普遍存在骨干老化、后继无人的情况，很不适应新的历史时期高等学校思想政治工作的需要。[②]

为了加强思想政治教育教学的队伍建设，1984年，中共中央宣传部、教育部、共青团中央下发《关于加强高等学校思想政治工作队伍建设的意见》，要求各校的思想政治队伍必须实行专职和兼职相结合，同时动员和组织一些教师、高年级大学生、研究生兼职做思想政治工作，也强调思想政治工作人员的培训要落实、待遇要提高。[③]

在中央和上级有关部门的文件精神指导下，北京工业学院调整了思政

[①]《院党委关于加强思想政治工作的认识和建议（讨论稿）》，1984年4月，北京理工大学档案馆。

[②] 中共中央宣传部、教育部、共青团中央《关于加强高等学校思想政治工作队伍建设的意见》，1984年11月13日。

[③] 教育部思想政治工作司《加强和改进大学生思想政治教育重要文献选编（1978—2014）》，知识产权出版社2015年版第36页。

课程教学机构。1984年5月,北京工业学院党委决定在原来马列主义教研室的基础上组建人文社会科学部,下设历史教研室、政治经济学教研室、哲学教研室、自然辩证法教研室。后来,又组建了"德育教研室"。同年9月,利用教学计划中每周一次形势任务学习的部分时间,为新入校的1984级本科生增开一门新的思想教育课——"共产主义思想品德课"。最初采用学校自编的《共产主义思想品德讲义》,后来又陆续编写《共产主义道德教育》《共产主义人生观教育》《社会主义民主法制教育》等分册,这些课程更加接近青年学生特点和思想实际,授课中探索参观、走访、观察、影视、讲课、讨论等多种方式,开展思想品德、形势政策和法制知识等方面的教育。[1]

针对思政教学队伍专兼结合、思想政治教育人员多元化的构成特点,学校一方面采取多种方式提升思想政治工作者的马克思主义理论水平,以积累储备师资力量,另一方面也加强对于思政教师的业务培训。这些举措使得学校思政课程师资力量初具规模。

在师资储备选调方面,北京工业学院曾实施过思政工作人员评职评级制度。评定职级工作只在专职学生政治辅导员、团干部当中进行。专职团总支书记兼辅导员,按团总支书记评定职级;专职政治辅导员兼团总支副书记,仍按政治辅导员评定职称。学生政治辅导员职级分为科员、副科级、正科级三种。评定职级的条件特别强调要具有一定的马克思主义理论水平和政策水平,较好掌握党的思想政治工作的基本原理,努力学习有关教育、思维和青年等方面的理论。[2] 这些政治站位高、理论素养好的思想政治工作干部成为思政课兼职教师的可靠来源。

为提升思政课程师资水平,教育部多次举办全国高等学校马列主义课教师讲习班和培训班,北京市教育工作部、高教局也曾组织相关培训。北京工业学院多次选送教师参加学习。1984年,为了进一步提高思政教师和

---

[1] 谈天民《从延安走来——北京理工大学的办学道路》,北京理工大学出版社2018年版第132页。

[2] 《关于学生政治辅导员及团干部职级若干问题的意见》,1984年11月,北京理工大学档案馆。

思政工作者的马列主义理论素养、政策水平、业务能力，北京市举办思想政治教育专业本科班，学制为一年半，实行走读，通过思想政治教育本科班阶段的培养，对学习成绩合格者，承认其大学本科毕业学历，授予学士学位。北京工业学院积极推荐合适人选，被推荐参加学习者实行不脱产学习，在完成工作任务的前提下完成学习，每周听课12学时。为支持学员参加学习，学校在经费和待遇方面都给予优惠，学员的培训费用由各系承担，学习期间享受工资和其他福利待遇。①

4.2 "85方案"实施中思想政治理论教育教学的发展演变

到了20世纪80年代中期，高校思想政治理论课程的恢复重建工作已经进行了六七年，课程建设取得不少成绩，但还存在一些问题。1984年，北京市委教育工作部副部长廖叔俊在全国高等学校思政会议上的一段讲话具有代表性，他说："近几年高校思想政治工作基本上适应了形势的发展，为贯彻执行中央路线、方针、政策、坚持四项基本原则，抵制社会上各种错误思潮，保证学校各项工作的正常进行，开创学校工作新局面，做了大量工作，是有成绩的。但是，学生思想政治工作无论在内容、方法上，还是在思想认识上，干部水平上，都存在不适应的一面。"②

为了适应我国改革开放和社会主义现代化建设的新需要，适应新的历史时期青年学生心理发展情况，上级部门开始酝酿思想政治理论教育的进一步改革。1985年8月，中共中央发出《关于改革学校思想品德和政治理论课程教学的通知》，即"中发〔1985〕18号"文件。③ 1986年，国家教委制定并发出了《关于在高等学校进一步贯彻〈关于改革学校思想品德和政治理论课程教学的通知〉的意见》（以下简称《意见》），《意见》要求从1986年起用三至五年的时间进行政治理论课教学改革工作，后来高校思

---

① 《关于思想政治教育本科班工作的几点意见》，1984年12月24日，北京理工大学档案馆。
② 《全国高等学校思想政治工作会议简报》，1984年6月14日，北京理工大学档案馆。
③ 国家教育委员会《中华人民共和国现行教育法规汇编》（1949—1989），人民出版社1991年版第460页。

想政治理论课由原来的"老三门"("中共党史""政治经济学""马克思主义哲学")变为"新四门"("中国革命史""中国社会主义建设""马克思主义原理""世界政治经济和国际关系"),这就是思政课程"85方案"。在贯彻执行"85方案"的过程中,北京工业学院的思想政治理论建设更加规范系统,并且结合本校特色,探索出一些新做法。

4.2.1 党委领导、齐抓共管:思想政治理论教育教学"大思政"工作格局初步形成

"85方案"为高校思想政治理论教育教学提出新要求。为了培养新一代有理想、有道德、有文化、有纪律的社会主义建设人才,以马克思主义为指导的思想品德和政治理论课发挥着重要作用。不过,人才培养是一项全方位的复杂工程,需要各部门间的密切合作。受延安红色育人精神的培育滋养,因面向军工国防专业的人才目标需求,北京工业学院具有协同育人的校风传统,在"85方案"的实施中这一特点得到发扬光大。

1985年,学校出台了关于思想政治教育工作的"试行规定"。规定加强了党对于思想政治教育工作的领导。学校的思想政治教育工作在党委领导下进行,由一名党委副书记主管、一名副院长兼管,力求做到党政联动、齐抓共管;思想政治教育日常工作在党委领导下,由学生工作部、组织部、宣传部、共青团委员会和德育教研室按其职责分工协作开展,并充分发挥院学生会、研究生会的作用。

在基层机构机制设置运行方面,各专业系(部)的学生思想政治教育工作在党总支领导下组织开展,由一名总支副书记主管、一名副主任兼管,体现党政合力。各系(部)设立学生工作组,由一名党总支副书记、一名副主任、团总支书记、政治辅导员、学生干事等组成。党总支副书记任组长,系副主任和团总支书记任副组长。由学生工作组根据党委和党总支的决定安排组织执行;在日常工作组织开展方面,学生政工干部是实施学生思想政治教育工作的骨干力量,所有教师都担负着践行教学育人的职责使命,是实施学生思想政治教育工作的主力军。"试行规定"重视发挥青年先锋组织在思政教育中的特别作用。作为党的助手和后备军,共青团

组织与学生会、研究生会一起构成学校思想政治教育工作的一个重要的方面军和生力军。这一时期的思想政治教育工作中，要关注以下几项举措：

首先，实行学生政治辅导员制度。学校选聘政治素质过硬、组织能力突出的优秀高年级学生担任学生政治辅导员。他们是做学生思想政治教育工作的小干部，是加强学生思想政治教育的骨干力量；他们又是教师，经过培训指导之后可以兼任政治理论课、思想品德课，甚至一些人文社会科学和专业课的教育与研究工作。他们比较熟悉受教育者的思想状况与心理特点，具有与同龄人交流沟通的工作优势。工作中，他们善于贯彻疏导的方针，擅长了解掌握思政工作信息，可以发挥言传身教的示范作用，也能很好地与共青团组织、学生会组织协调行动，在教育者与受教育者之间架起一座工作桥梁。这支学生思想政治骨干力量在引导学生树立正确的人生观、价值观方面起到特殊的作用。

其次，重视研究生的思想政治教育。北京工业学院于1978年恢复研究生教育，1981年被国务院批准为全国首批具有博士、硕士学位授权的单位之一，1984年被国务院批准为全国首批22所试办研究生院的大学之一。北京工业学院作为一所面向国防、服务军工的高校，从这一时期起，就非常重视研究生的思想政治工作，强调研究生培训机构是"培养又红又专的高级人才的熔炉"。[1] 加强思想政治工作，加强教学科研工作，成为研究生培养中的两个互相联系、不可缺少的方面。

在党委领导下，研究生院把思想政治工作和业务培养统一来抓。从领导组织、机构设置、协同机制等方面系统开展研究生思想政治教育。1985年，学校成立北京工业学院研究生思想政治工作领导小组，组长由研究生处（院）领导担任，组员由研究生（院）总政治辅导员、宣传部、学生工作部、团委有关干部组成，统领学校研究生思想政治工作。这一领导小组的成立从制度上保证党的思想工作的落实，体现着"研究生的思想政治工

---

[1] 《北京工业学院关于学生思想政治教育工作若干问题的规定（试行）》，1985年3月16日，北京理工大学档案馆。

作，应该是党领导下、群众性的，旨在造就高级人才的工作"的工作原则。① 同一时期，学校团委设立研究生部，统筹开展全校的研究生思政教育管理工作。在全体研究生中设研究生会，发挥学生组织的思想政治教育优势。

各专业系（部）也都设立了学生工作组，负责研究生思想政治工作，贯彻落实学校研究生指导小组的工作要求。各系（部）还设立了研究生会，配合开展相关工作。研究生一般按年级建立党团支部，有条件的班还建立了党支部。研究生政治辅导员来源多样化，一般由研究生指导教师、在职研究生以及党政专职干部中的中共正式党员等兼任，为鼓励各专业课教师参与思想政治教育并肯定他们的工作成绩，学校规定将教师参与思政教育的工作折合计算为一定数量的教学工作量。②

第三，加强教职工的全员育人意识。学校强调，所有教职工都担负着对学生进行思想政治教育工作的任务，既要教书也要育人。结合学校的办学特点，学校一直重视教育者应该先接受教育的原则，加强对于教职工的思想政治教育，组织教师开展政治学习、了解时事动态，整体提升教师的政治意识与素养。在学校全员育人格局中，教职工与学生既是思政教育工作的教育者与被教育者，也是互相学习、共同进步的思想伙伴。

全员育人格局中，专业课教师要担负起思政教育的责任。基于学校的育人目标是培养社会主义建设所需要的又红又专的合格人才，鼓励教师在业务课程教学中渗透思政教育，尤其是注意进行热爱国防和专业的爱国主义教育，增强学生建设国家、献身国防的责任感和紧迫感。③

马克思主义理论课教师的育人阵地也不仅限于思政课堂，他们还要发扬理论特长，开辟第二课堂活动，利用业余时间深入到学生中间，帮助学生学习小组开展政治学习活动，向学生宣讲党的路线方针政策、党的基本

---

① 《北京工业学院关于学生思想政治教育工作若干问题的规定（试行）》，1985 年 3 月 16 日，北京理工大学档案馆。
② 《北京工业学院关于学生思想政治教育工作若干问题的规定（试行）》，1985 年 3 月 16 日，北京理工大学档案馆。
③ 《北京工业学院关于学生思想政治教育工作若干问题的规定（试行）》，1985 年 3 月 16 日，北京理工大学档案馆。

知识和形势时政,他们还要参与党课培训工作。

同时,政工系统干部和教职工也要配合马列教研室和社会科学部做好思政课的教育教学,政治理论课教师和学生政工干部的密切配合成为改进思政课程教学的重要措施。这一时期学校的学生政工干部队伍得到快速成长,在人员选配、使用考核、关心培养、落实政策等诸多方面学校都给予特别的重视。学校从本科生中择选优秀学生留校担任政治辅导员,并为他们报考双学位班、社会科学专业硕士研究班等提供政策支持,鼓励他们提升马克思主义理论水平,增强从事思想政治工作的能力;在成长晋升方面,学校开设政工教师的职称评定工作,根据讲授德育课程、开展思政工作的成绩水平评定职称。[1]

这样,在党组织的领导下党政干部、马列主义理论教师、专业课教师、学生先锋组织等协同配合,共同开展思想政治教育工作。

4.2.2 "增新课,抓基础课,推重点课":思想政治理论课在改革中稳步前进

按照"85方案"的要求,从1986年起全国高校思想政治理论课进入一个调整期,在课程设置、教材教法、师资配备等方面实现由"老三门"向"新四门"的过渡,在国家教委的设想中,将在1991年前后所有学校完全执行新方案。这一次调整遇到较多的困难,首要困难是师资力量不充足,尤其是"马克思主义原理"课程的师资不足。另外,这一时期随着改革开放的不断深入,一些新出现的社会思潮也给思想政治理论课程教学带来新挑战。

北京工业学院思想政治理论课的调整开始于1985年的下半年,改革的契机是学校新一轮的本科生课程建设工作启动。当时,学校提出课程建设的指导思想是:从那些对学生培养起重大作用、使学生受益面大的基础课、技术基础课和专业主干课等重点课程抓起,以课程质量评估检查为手

---

[1] 《北京工业学院关于学生思想政治教育工作若干问题的规定(试行)》,1985年3月16日,北京理工大学档案馆。

段，促进课程建设，同时为专业评估和学校办学水平评估提供基础。在这一背景下，思想政治理论课程的调整改革初见效果。

首先，调整思想政治理论课教研机构。1984年5月，校党委决定在原来马列主义教研室的基础上组建人文社会科学部，下设历史教研室、政治经济学教研室、哲学教研室、自然辩证法教研室，承担本科生及研究生的思想政治理论课教育教学任务。另外，学校组建了德育教研室，最初归学生工作组，1996年之后调整归并到人文社会科学部。德育教研室既是学生政工队伍的组成部分，又是教学单位，由少量专职教师和一定数量的兼职教师组成，人员聘用及其教学工作活动均由教研室批准。兼职教师人事关系一般在所属各专业系（所），但业务上受德育教研室的组织领导。[①] 这一机构调整，适应了改革开放以来高校学生思想政治工作的新形势，为思想政治理论课程建设奠定良好基础。

其次，增强思想政治理论课师资队伍建设。以机构为依托，一方面学校整合校内师资力量，把之前多方参与课程建设的多样化的教师队伍聚拢起来，有效提升课程的组织效力；另一方面学校还从北京市社科院等单位调入一些专家学者充实教学队伍，同时，陆续接收从北京大学、山东大学等重点院校毕业的新生力量加盟其中。这样，到1990年前后，北京工业学院思政课教师队伍在一定程度上得到加强，队伍数量不足、教师年龄老化、师资不齐整的情况大大改善。未来正是在这支教学团队中成长出多位名师名家，取得丰硕的思政课教学成果。

再次，新增"共产主义思想道德""自然辩证法概论"等课程。早在"85方案"之前，针对现实中的高校学生思想动态、总结前一阶段思想政治教育实践，就出现了加强大学生共产主义思想品德教育的建议和呼声。1984年6月，全国高校思想政治工作会议召开，各高校代表讨论分析了马列主义理论教育工作的现状，大家一致认为，在世界新技术革命浪潮中，我们不仅要研究技术革命的问题，而且要应对伴随市场经济而出现的西方

---

① 《北京工业学院关于学生思想政治教育工作若干问题的规定（试行）》，1985年3月16日，北京理工大学档案馆。

各种思潮向马克思主义的挑战,增强学生抵御资产阶级意识侵蚀影响的能力,坚定马列主义和社会主义信念变成一个重要课题。高校开设"共产主义思想品德"课是一项有效措施,要以改革精神,开创马列主义思想理论教育的新局面。[1]

同年,教育部下发了《关于在高等学校开设共产主义思想品德课的若干规定》(以下简称《规定》)的文件。《规定》指出,各校逐步开设"共产主义思想道德教育"一课,每周2学时,与"形势与政策教育"一并开设,帮助学生树立共产主义人生观,培养共产主义的道德品质。自1984年秋季学期开始,北京工业学院利用教学计划中每周一次的"形势任务学习"的部分时间,为本科生新生增开了"共产主义思想道德。"[2] 这一课程的正式开设早于全国大多数高校。德育教研室还积极编写教材,先后编写了《共产主义思想品德讲义》《共产主义道德教育》《共产主义人生观教育》《社会主义民主法制教育》等。这些课程中教学形式多样,除课堂教学外,还采用参观、走访、考察、影视、讨论等,契合青年学生的思想实际,满足了他们价值成长的现实需求。[3]

1987年6月,国家教委发出《关于高等学校研究生马克思主义理论课(公共课)教学的若干规定》,[4] 要求所有硕士研究生都应学习"科学社会主义的理论与实践",对于理工农医各专业,硕士研究生还应开设"自然辩证法概论",博士研究生应学习"现代科学技术革命与马克思主义"。北京工业学院先后在硕士、博士研究生中开设了这些课程,教学任务由人文社会科学部自然辩证法教研室承担,在课时安排、内容要求、教学管理等方面严格落实上级文件精神,帮助研究生切实解决好根本的政治方向和政治原则问题,树立马克思主义世界观。

最后,有重点地推进思想政治理论课程改革。在"85方案"规定中,

---

[1] 《全国高等学校思想政治工作会议简报》,1984年6月15日。
[2] 《北京工业学院关于学生思想政治教育工作若干问题的规定(试行)》,1985年3月16日,北京理工大学档案馆。
[3] 《从延安走来——北京理工大学的办学道路》,北京理工大学出版社2004年版第132页。
[4] 国家教育委员会《中华人民共和国现行教育法规汇编》(1949—1989),人民教育出版社1991年版第495-497页。

育心铸魂
——北京理工大学思想政治理论课建设史

教育部要求各高校开设四门思想政治理论课,即"中国革命史""中国社会主义建设""马克思主义原理""世界政治经济和国际关系"。1985年下半年开始,北京工业学院着手进行课程建设,从基础抓起,扎扎实实提高教学质量。

在这一背景下,学校把思想政治理论课程建设列入学校重点学科、重点工作来抓,加强领导、补充师资、增拨经费。校领导亲自参加政治理论课的备课,主管学生思想政治工作的党委副书记亲自主持编写"形势与政策"课的授课提纲并登台讲授。党委其他领导也深入各班级课堂,了解学生的思想需求与他们对于思政课的意见建议。

在抓好思政课程建设的基础性工作、普遍提升课程教学水平的同时,有重点地推进课程改革。"85方案"要求逐步用"中国革命史"代替原先的"中共党史",为更好地完成这一调整任务,历史教研室尝试改革。1986年他们在学习清华大学等学校经验的基础上,把"中共党史"课改为"中国近代革命史"课,1987年编撰出版《中国近代革命史》教材。1991年,完成了由"中国近代革命史"向"中国革命史"的过渡,出版了《中国革命史》自编教材。[①] 他们在教学中加大方法探索,配合教学内容,挖掘多种育人资源,引入直观、形象、生动的辅助教学手段,包括:组织学生收看历史题材电影录像、举办革命史知识竞赛和"振兴中华民族精神演讲比赛"、安排学生参观抗日战争纪念馆、中国人民军事博物馆、圆明园遗址等。[②]

集课程讲授、方法探索、教材编写于一体,融合校内、校外资源的教学探索取得良好效果。1988年5月学校完成重点课程评选工作,全校评选出一类课程6门、二类课程6门,"中国革命史"跻身二类课程的行列。[③] 1992年,新一轮的校重点课程评选中,"中国革命史"和"中国社会主义

[①] 《从延安走来——北京理工大学的办学道路》,北京理工大学出版社2004年版第133页。
[②] 《从延安走来——北京理工大学的办学道路》,北京理工大学出版社2004年版第133页。
[③] 《培养科技干部的摇篮——北京理工大学发展史》,北京理工大学出版社1990年版第258页。

经济建设"两门思政理论课程获评校一类课程。①

4.2.3 德育首位、以德为先：形成学校思想政治教育教学新特色

中华人民共和国成立之后，党和国家在社会主义建设者和接班人的培养中特别重视德育的重要性。1981年党的教育方针的新表达中提出"用马克思主义世界观和共产主义道德教育人民和青年，坚持德、智、体全面发展、'又红又专'、知识分子与工人农民相结合、脑力劳动与体力劳动相结合的教育方针"②。德育在社会主义人才培养目标中居于首要的地位，而高校的思想政治理论教育工作本质上就是德育。

1988年，北京工业学院更名为北京理工大学。从延安自然科学院、华北大学工学院、北京工业学院到北京理工大学，学校一直非常强调培养学生的思想觉悟与政治素养，形成了重视德育的校风。延安自然科学院时期即提出既做"技术专家"又是"革命通人"的人才目标，1949年之后，学校工作一直围绕着"培养德才兼备体魄健全的社会主义国防工业建设人才"而展开，③ 目标是"把学生培养成'又红又专''一专多能'的工人阶级知识分子。"④ 到20世纪80年代，改革和发展的形势对高校德育工作提出了新要求，中共中央和教育部也多次下发文件推进学校德育工作。⑤ 北京理工大学切实贯彻执行中央精神相关要求，坚定不移地把德育放在首位，在领导组织、落实举措、成果成效等方面都形成了鲜明的学校特色。

首先，加强顶层设计，制定德育实施纲要。

---

① 《从延安走来——北京理工大学的办学道路》，北京理工大学出版社2004年版第133页。
② 《中国共产党中央委员会关于建国以来党的若干历史问题的决议》，《改革开放以来重要文献选编》，中央文献出版社2008年版第214页。
③ 宗凤鸣《中国共产党北京工业学院委员会向第二次代表大会工作报告》，1956年5月27日。
④ 魏思文《中国共产党北京工业学院党委会向第四届代表大会的工作报告》，1960年8月20日。
⑤ 主要有：1985年8月中共中央《关于改革学校思想品德和政治理论课程教学的通知》、1987年5月中共中央《关于改进和加强高等学校思想政治工作的决定》、1994年8月中共中央《关于进一步加强和改进学校德育工作的若干意见》、1995年11月国家教委《中国普通高等学校德育大纲（试行）》。

育心铸魂
——北京理工大学思想政治理论课建设史

学校在德育工作中,一直把坚定正确的政治方向放在第一位,落实培养德智体等方面全面发展的社会主义事业的建设者和接班人的根本任务。1990年前后,受到商品经济发展大潮的冲击,面对国内国际出现的新情况新问题,部分教职工和学生思想上也不免有种种困惑。学校党委一手抓改革不放松,制定《北京理工大学深化教育改革纲要》,推进深化教育改革;另一手抓政治方向不动摇,先后三次开展教育思想大讨论,重点讨论如何端正办学指导思想,反思思想政治教育的不足,从而明确了社会主义大学必须把培养人才作为根本任务、把德育放在学校教育的首位,强调这是由社会主义高等教育的本质特征所决定的,是社会主义教育思想和教育方针的重要内容。[1]

为了促进学校德育工作的规范化和制度化,1992年,学校组织力量制定了《北京理工大学德育实施纲要》,全方位地落实德育首位。[2] 1994年,学校出台《关于贯彻和落实〈中共中央关于进一步加强和改进学校德育工作的若干意见〉的决定》,有针对性地提出开展德育新举措。在校党委的领导下,学校努力把德育贯穿到整个教育过程、各个教学环节和课余生活的各个方面。

其次,贯通师生德育,使其贯穿教育全过程。

德育事关把学生培养成为有理想、有道德、有文化、有纪律一代新人的大事业,但德育的对象又不仅仅是学生,也包括全体教职员工。身教更胜言传,良好的师德师风是推进德育工作的前提条件之一。为了加强师德师风建设,提升教师的思想理论水平,学校实行教职工每周半天"政治学习"制度。经过几年的摸索与改进,教职工政治学习在内容、出发点、方法、组织方式、时空条件、领导体制六个方面发生了很大转变,学习中尤其强调政治理论学习联系学校改革实际、服务学校教育教学,"政治学习"

---

[1] 谈天民《切实加强党的建设 为办好社会主义理工大学而奋斗——中国共产党北京理工大学第九次代表大会工作报告》,1991年12月21日。
[2] 《加强党的建设和思想政治工作,办好我党创建的第一所理工科大学——北京理工大学申报北京市"党的建设和思想政治工作先进普通高等学校"的自荐报告》,1993年10月,北京理工大学档案馆。

的改进使之在新形势下重新焕发了生命力。①

教书育人是共产党人老区办学的光荣传统，徐特立就主张教师应该做到"经师"与"人师"二者合一，既要传授知识，也要教怎样做人，他本人也力行履践着这一原则，是教书育人的典范。这一优良传统在后来的建校历程中得到继承和发展。

1986年，学校利用检讨分析如何建好国家重点投资建设单位的契机，确定把校风学风建设列为学校的重点工作之一。当年的教师代表大会通过《关于深入开展教书育人、服务育人活动的倡议》，号召全校教师把传授专业知识和思想政治教育结合起来，以身作则，为人师表。1987年9月，学校党政部门联合制定了《关于进一步加强教书育人工作的若干规定》，对于一般教师、研究生指导教师、班主任以及思政理论课教师有针对性地提出要求。1992年，在总结实践经验的基础上，学校进一步制定了《北京理工大学关于加强教书育、管理育人、服务育人工作的规定》，"三育人"的理念深入人心。②学校还组织了教书育人经验交流会，表扬了教书育人先进集体和先进个人；学校每年组织"三育人"先进个人与先进单位的评选表彰，使"教书育人、管理育人、服务育人"在校园蔚然成风。③

第三，丰富形式内容，重视学生德育工作的实效性。

推进高校德育工作的主渠道是思想政治理论课程阵地。学校在1984年成立了德育教研室，后逐渐形成一支专兼职相结合的教师队伍。当年秋季率先在一年级新生中开设了"共产主义思想道德"课，针对学生普遍关心的有关人生、理想、道德等方面的问题给予说服与引领。作为高校"两课"之一，思想品德课程是高校思想政治理论课程体系的重要组成部分，

---

① 《加强党的建设和思想政治工作，办好我党创建的第一所理工科大学——北京理工大学申报北京市"党的建设和思想政治工作先进普通高等学校"的自荐报告》，1993年10月，北京理工大学档案馆。

② 《从延安走来——北京理工大学的办学道路》，北京理工大学出版社2004年版第142-144页。

③ 《加强党的建设和思想政治工作，办好我党创建的第一所理工科大学——北京理工大学申报北京市"党的建设和思想政治工作先进普通高等学校"的自荐报告》，1993年10月，北京理工大学档案馆。

同时，它在高校德育工作实践中发挥着不可替代的作用。

关于高校德育的内容，1995年国家教委颁布的《中国普通高等学校德育大纲（试行）》指出，德育包括思想教育、政治教育和品德教育，高校德育内容是中学德育内容的深化和延伸，结合大学教育的特点，强调德育内容体系应包括马克思列宁主义、毛泽东思想、邓小平建设有中国特色社会主义理论教育、爱国主义教育，党的路线方针政策和形势教育等。[①] 因此，推进高校德育工作，理论武装不能松懈。学校把建设有中国特色社会主义的理论和党的基本路线及形势政策的宣传学习作为思想政治教育的主要内容，每学期"法定"安排一定的时间进行政治理论教育，确保理论学习的制度化。在制定学校深化教育主体改革方案、申请进入"211工程"的论证报告中，都以理论学习，尤其是学习社会主义市场经济知识、研讨其与深化高校教育改革之关系等中央精神作为指导思想，统一思想，调动了全校师生建设有中国特色的新型的社会主义理工大学的积极性。

学校德育工作非常强调教育教学的针对性，从学生思想健康成长的目标出发、从解决学生关心的问题入手，采取多样化、适合青年特点的教育形式，聘请为社会主义建设做出突出贡献的校友上讲台就是其中一种形式。长征三号火箭首任总设计师谢光选、第二任总设计师范士合、副总设计师王之任、火箭推进剂与发动机专家崔国良、坦克设计专家唐章媛、获评全国十大企业家的王大中等杰出校友曾先后走进德育课堂。听讲座、谈心得，学生讲爱国之理想、谈爱国之奉献、论爱国之宏志、抒爱国之情怀，更加坚定了献身国防事业的信心和决心。[②] 针对商业经济大潮影响之下、部分学生急于经商挣钱的心态，学校开展了"寻找与社会主义市场经济体制的最佳结合点"的专题讨论，部分系（院）还开展了"打工经商利与弊"的辩论赛，并因其针对性强、触动点多，取得良好效果。[③]

---

① 石云霞《高校思想政治理论课程建设史研究》，武汉大学出版社2006年版第143页。
② 《从延安走来——北京理工大学的办学道路》，北京理工大学出版社2004年版第159－160页。
③ 《对我院学生在人民代表换届选举工作中思想动态的调查报告》，1987年3月24日，北京理工大学档案馆。

总之，德育首位、以德为先，学校的德育工作在提高学生思想道德和科学文化素质，培养合格人才，促进学校改革，发展和维护学校、社会稳定方面发挥着积极的作用。

4.2.4 调查研究、社会实践：丰富思想政治教育形式

社会实践活动是进行思想政治教育的有效途径之一。延安办学时期，学校组织学生参加抗日救亡运动、土地改革等政治运动。中华人民共和国成立前夕，学校超过一半的学生参加了北平、天津两大城市的接管工作。20 世纪五六十年代，北京工业学院的学生也积极投身社会主义建设事业，注重所学理论与社会实践相结合。青年学生与工农群众相结合是学校的历史传统之一。

改革开放之后，随着社会主义现代化建设的推进，高等教育在国家经济发展、科技进步方面的作用更加凸显，高校人才培养服务国家战略和社会发展的任务更加明确。为此，需要大学生通过接触社会进而接受国情教育和改革开放形势教育，通过社会实践加深理解党的基本路线和建设有中国特色社会主义理论。1984 年 5 月，时任共青团中央书记处书记的胡锦涛在团中央召开的高等学校社会实践现场观摩会上，提出了关于大学生社会实践"受教育、长才干、作贡献"的论述，鼓励大学生走出校园小课堂、走进社会大课堂。北京理工大学继续发扬实践传统，1989 年学校制定了《本科生参加社会实践的具体规定》，将社会实践纳入教学管理，每年有计划地组织学生深入基层、深入老区、深入军企。这一时期的社会实践大致分为参观寻访、调查研究、社会服务三种类型。

参观寻访是大学生社会实践的常见形式。作为延安精神的传承者，北京理工大学学生社会实践的传统项目是赴延安参观革命纪念馆，寻访革命旧址遗址，接受革命传统教育。除革命老区之外，赴改革开放先进典型的农村地区、厂矿企业的参观访问也很常见，仅 1991、1992 两年中，为了配合社会主义思想教育和学习邓小平同志南方谈话，我校共组织近 4 000 人

育心铸魂
——北京理工大学思想政治理论课建设史

次师生到京郊的顺义、房山、昌平及首钢等改革开放先进典型参观访问。①在当年参加者的眼中,这种参观既有群众大队伍的"走马观花",也有小队伍的"下马看花",还有不少骨干的"扎根栽花"。学校在陕西延安、河南获嘉县、北京大兴县等地建立教师、学生干部兼职、代职锻炼的实践基地。②这种参观寻访,使学生更好地理解了"革命胜利来之不易""社会主义是中国革命的历史选择""中国的发展出路在改革"等认识。③

调查研究是大学生了解国情、增长才干、践行实事求是精神的重要途径。学校每年都有大量的学生深入基层搞调查研究,他们在革命老区、京郊农村了解农村改革的成效成绩以及存在的问题,他们赴军工国企调查国防建设人才需求情况、国防科技发展情况。通过调查研究,使学生进一步了解社会主义初级阶段的国情面貌,理解国家方针大计的着力方向,体会个人成长与国家发展的密切关系,增强建设祖国的责任感和担当意识,深化了奉献创新和艰苦奋斗的精神教育。

以专业为依托、学习实践与服务社会相结合是这一时期社会实践的另一特点。随着我国经济体制改革和教育体制改革的深化,北京理工大学的社会实践活动由传统单一的学习考察转变为学习与技术服务相结合,实现社会学习与为社会服务相统一,前文提到的参观寻访中的"扎根栽花"即是社会服务的体现。1995年,学校组织了"赴延安科技服务考察团",在老区农村办起"农村扫盲夜校";各专业学校利用人才优势,以专业知识、技术为依托,广泛开展以技术为特色的社会实践活动。④学校实践团曾经到山东曲阜、临沂和延安等地区进行科技咨询、科技服务,社会实践被学

---

① 《加强党的建设和思想政治工作,办好我党创建的第一所理工科大学——北京理工大学申报北京市"党的建设和思想政治工作先进普通高等学校"的自荐报告》,1993年10月,北京理工大学档案馆。
② 《加强党的建设和思想政治工作,办好我党创建的第一所理工科大学——北京理工大学申报北京市"党的建设和思想政治工作先进普通高等学校"的自荐报告》,1993年10月,北京理工大学档案馆。
③ 《从延安走来——北京理工大学的办学道路》,北京理工大学出版社2004年版第153页。
④ 《从延安走来——北京理工大学的办学道路》,北京理工大学出版社2004年版第154页。

生认为是"受益最大"的两项活动之一。①

除了假期赴各地的社会实践,北京理工大学鼓励学生通过学生社团等形式坚持日常的社会实践,各类学生社团一方面使学生获取锻炼能力、增长才干的机会,另一方面他们在勤工俭学中继续服务社会、服务企业。这一时期,学生社团"新远科技开放中心"是北京市第一个大学生利用课余时间实现社会服务的研究生经济组织,他们日常为学生提供科技咨询,后来在北京市研究生为社会服务日的活动中,与各类中小企业签订了多项经济合同,《北京日报》《北京晚报》《北京青年报》《中国青年报》先后予以报道,上海的《文汇报》也加以转载。②

社会实践在学校与社会之间架起沟通的桥梁,实现了校外生活与高等教育之间的有效对接,大学生在社会实践中增进生产劳动的体验,推动同人民群众的结合和联系。北京理工大学的社会实践活动取得很好的成绩,曾被评为北京市"生产实习与社会实践先进单位",③ 自 1986 年之后连续多年被中宣部、教育部、团中央、全国学联授予"社会实践先进单位"称号。

4.3 依托"98 方案"深化北理工思政课程改革

随着"85 方案"的实施、德育课程的开设,学校本科生的思想政治理论课程建设中形成"两课"体系:一是马克思主义理论课,包括"中国革命史""中国社会主义建设""马克思主义原理",二是思想品德课,包括"共产主义思想道德教育""形势与政策教育"。"两课"是高校思想理论

---

① 《加强党的建设和思想政治工作,办好我党创建的第一所理工科大学——北京理工大学申报北京市"党的建设和思想政治工作先进普通高等学校"的自荐报告》,1993 年 10 月,北京理工大学档案馆。

② 《三个月的工作——田运同志代表常委会向党委会全体委员会议所做的工作报告》,1984 年 12 月 28 日,北京理工大学档案馆。

③ 《加强党的建设和思想政治工作,办好我党创建的第一所理工科大学——北京理工大学申报北京市"党的建设和思想政治工作先进普通高等学校"的自荐报告》,1993 年 10 月,北京理工大学档案馆。

教育的主渠道、主阵地，思想理论教育的内容随时代发展需要不断完善。到 1992 年，邓小平南方谈话和党的十四大召开标志着我国的社会主义现代化建设事业发展进入一个新阶段，邓小平建设有中国特色社会主义理论成为全党的指导思想。从此，邓小平建设中国特色社会主义理论成为"两课"教育教学的中心内容。

为了适应新形势的变化和高等教育改革的要求，国家教委自 1993 年酝酿思政课改革新方案，经过调查研究、征求意见、试点开设，于 1997 年提出了《关于普通高等学校"两课"课程设置的若干意见（征求意见稿）》。1998 年 4 月 23 日，中央政治局常委会专门听取了教育部党组的汇报，确定了"两课"课程设置新方案，江泽民在会上做了指示。① 中央政治局常委会讨论课程方案，这在高校思政理论课程建设史上尚是首次。在"98 方案"的调研酝酿、落实执行的过程中，北京理工大学加大"两课"教育改革的领导支持，结合本校实际出实招、见实效。

4.3.1 落实"三进"要求，推进"两课"教育教学试点改革

在国家有关部门酝酿改革的同时，北京市教育工作委员会也开展了"两课"教学改革试点推进工作，北京理工大学成为北京市"两课"改革试点院校之一。1994 年，学校启动了"两课"教学改革，改革目标是在课程内容上确立邓小平理论在课程中的主导地位，在课程效果上达成"邓小平理论进教材、进课堂、进学生头脑"。②

这一改革在校党委统一领导下进行。1994 年 10 月，学校专门成立了"两课"改革领导小组，制定下发《"两课"改革实施方案》，强调把邓小平建设有中国特色社会主义理论作为学校马克思主义理论的中心内容。校党委的统一领导、各部门的协同联动，为"两课"改革提供了良好的政治保障与制度支持。

1995 年 3 月，新学期开始之后"两课"教学改革在五个方面全面展

---

① 石云霞《高校思想政治理论课程建设史研究》，武汉大学出版社 2006 年版第 154 页。
② 《从延安走来——北京理工大学的办学道路》，北京理工大学出版社 2004 年版第 133 页。

第4章 改革开放之后思想政治理论课程建设与探索

开。一是统一认识,加大投入支持,尤其加强教师队伍建设,为"两课"改革和建设打下良好基础;二是制定改革方案,修订了各门思政理论必修课的教学大纲和教学要点,完成三部教材的编写工作;三是尝试"主干课+选修课"的课程模式,推展思政课教育教学的阵地;四是开展教学法研究、活跃课堂氛围、活化教学过程;五是建立并完善了领导与专家的听课制度,从此,领导专家深入思政课堂听课常态化和制度化。[①]

此次"两课"调整与改革体现着以下特点:一是以建设有中国特色社会主义理论作为教学内容的核心,全面阐释这一理论;二是准确系统地讲解马克思主义基本原理,体现邓小平关于"学马列要精、要管用"的精神;三是强化了理论紧密联系实际,把马克思主义基本原理讲授同我国的具体实践,特别是改革开放的现实结合起来;四是结合当前大学生较为关注的重大理论和现实问题,使教学内容能针对学生的思想实际、解决学生思想问题;五是体现理工科院校"两课"改革的特点,有意识地把"两课"教学改革与学生专业知识学习、人文社会科学素养提升结合起来,使学生在掌握马克思主义方法论的基础上,提高对当代社会发展和科技进步等重大问题的理解与分析能力;六是注重课程育人功能,考虑授课对象的专业年级等因素合理安排教学内容,体现出较好的层次性。[②]

学校还为"两课"试点教学改革提供经费支持。在学校德育工作经费中专门设置"两课"专项款,每年为3万元。[③] 为了更好实现邓小平建设有中国特色社会主义理论"进教材、进课堂、进学生头脑",[④] 学校每年下拨2万元经费,专项资助"两课"教师参加社会实践与社会考察活动,鼓励他们走出校门、走进中国特色社会主义建设的实践当中,了解改革开放的伟大成就,增强教师理论联系实际的能力,丰富课堂教学案例。

[①] 《关于高校马克思主义理论课和思想品德课教学改革的若干意见》,1995年9月29日,北京理工大学档案馆。

[②] 《关于高校马克思主义理论课和思想品德课教学改革的若干意见》,1995年9月29日,北京理工大学档案馆。

[③] 《近三年每年德育经费投入情况占单位事业费的比例》,1997年5月,北京理工大学档案馆。

[④] 《从延安走来——北京理工大学的办学道路》,北京理工大学出版社2004年版第133页。

"两课"教学改革效果受到了领导、教师、学生等各方面的好评。1996年4月9日至10日,北京市教育工委副书记夏强和北京市教育委员会副主任兰洪生带队的"两课"改革专家组,对我校政治理论课和思想教育课的教改工作进行了全面检查,专家组对我校"两课"改革工作给予了充分肯定,赞扬了我校在"两课"改革试点中取得的成绩与示范作用,并提出了进一步改进的意见和建议。

经过调整后的马克思主义理论课和思想品德课,思想性、针对性和实践性都得到了明显提高,进一步发挥了"两课"作为学生德育的主渠道和基本环节的作用①,"两课"教学改革有效提升。有的授课教师说:"我们也有了自己的追星族。"思想政治教育研究室还获得"三育人"先进集体表彰。②

北京理工大学在1994年至1998年间推行一系列思想政治理论课程改革,在领导体制机制完善、邓小平理论"三进"、教学方式方法探索、教师队伍能力提升等方面为新一轮的思政课全面改革准备了良好条件。

4.3.2 落实"98方案",推进思想政治理论课程建设

1998年4月23日中央政治局常委会讨论批准的"两课"实施新方案,同年6月10日中宣部和教育部发出《关于普通高等学校"两课"课程设置的规定及其实施工作意见》的通知,就进一步加强"两课"教改的必要性和重要性、课程设置与基本内容等提出具体要求。这就是思政课建设史上的"98方案"。"98方案"针对加强和改进学校思想政治理论教育教学的新要求,在保持思政课"两课"体系的同时,对于课程设置做了较大幅度的调整。新方案要求开设5门马克思主义理论课,即"马克思主义哲学原理""马克思主义政治经济学原理""毛泽东思想概论""邓小平理论概论""当代世界经济与政治"(文科类开设);开设3门思想品德课,即

---

① 《关于高校马克思主义理论课和思想品德课教学改革的若干意见》,1995年9月29日,北京理工大学档案馆。
② 《关于表彰"三育人"先进集体、先进个人及十名优秀青年教师教育工作者的决定》,1994年8月31日,北京理工大学档案馆。

第 4 章　改革开放之后思想政治理论课程建设与探索

"思想道德修养""法律基础""形势与政策"。

北京工业学院非常重视"98 方案"的实施,在前一阶段试点工作的基础上提升思想政治理论课教育教学实效。首先,加强校党委对于新方案的领导推进。1996 年,学校第十次党代会报告特别把"推进'两课'改革的试点工作"写入学校的重点工作之列,强调要以战略的眼光来认识加强学校德育和思想政治工作的重要性。[1] 在"98 方案"的落实中,校党委主要领导亲自听汇报、进课堂、抓重点,确保新方案的顺利实施。学校还协调各职能部门支持思政课程建设,校财政专项投入 49 万元建设了"两课"图书资料中心,服务思政课教师开展教学与科研。[2]

学校在 1998 年暑期及时调整课程计划,安排部分任课教师参加相关培训、组织教师集体备课,秋季学期全面启动了"98 方案",在本科生中逐步开设马克思主义理论课"新四门"课程。政治经济学教研室、哲学教研室分别负责"马克思主义政治经济学原理""马克思主义哲学原理"两门课程建设,历史教研室承担"毛泽东思想概论""邓小平理论概论"两门课程。这四门课程中,"邓小平理论概论"全部为新设内容,课时分量最重,课程组教师分批参加了教育市和北京市的课程培训,基本做到所有任课教师在上课前都能接受一次培训,保障了课程的教学质量。

2001 年秋季学期开始,"两课"系列课程中陆续探索融入"三个代表"重要思想。2001 年 7 月 26 日,教育部发出了《关于普通高等学校"两课"教育教学中贯彻江泽民同志"七一"重要讲话精神的通知》(以下简称《通知》)。根据《通知》精神,北京工业学院积极推进"三个代表"重要思想"三进"工作,在各门思政课中以"三个代表"重要思想充实教学内容。从 2003 级本科生开始,学校调整课程设置,新开设"邓小平理论与'三个代表'重要思想概论"一课,以代替原教学计划中的

---

[1]　谈天民《加强党的建设,团结凝聚全校力量为实现学校 211 工程建设目标而努力奋斗——中国共产党北京理工大学第十次代表大会工作报告》,1996 年 5 月 28 日。
[2]　中共北京理工大学委员会《全面落实党的建设新的伟大工程大力推进国际知名高水平研究型大学建设——北京理工大学党建和思想工作先进普通高等学校评审综合报告》,2004 年 8 月,北京理工大学档案馆。

"邓小平理论概论",帮助学生更加系统化地学习理解中国特色社会主义理论成果,坚定走社会主义道路的信心。

世纪之交,随着中国改革开放的推进、社会主义市场经济的发展,社会情况发生了复杂深刻的变化,国家社会对于人才素质的需求更加综合全面,正如江泽民所说,大学生"要努力使自己既具有优良的思想政治素质,又具有过硬的科学文化本领,既有强健的体魄,又有健全的心智"。[①]这样,大学生心理健康教育成为德育工作新课题。北京理工大学是国内高校中较早为大学生开设心理健康教育课程的高校,20世纪90年代后期,学校陆续选送"两课"教师赴北京师范大学等校心理系学习深造,在储备师资的基础上面向全校所有学生开设1学分"大学生心理健康教育"课程,根据大学生的心理特点,有针对性地讲授心理健康知识,开展辅导或咨询活动,帮助大学生增强心理调适能力和社会生活的适应能力,在促进大学生心理健康发展方面做出应有的贡献。

"98方案"的实施过程中,北京理工大学思想政治理论课教师的教学科研水平整体提升,在学校第一、二届学生评选"我心目中最喜爱的教师"活动中,当选的"两课"教师约占一半;[②] 思政课教学团队中涌现出在全校、全市乃至在全国有影响的"两课"教师,取得了多项校级、市级教学成果奖。1997年10月8日,全国普通高校百名"两课"优秀教师表彰大会在北京人民大会堂举行,这次评选活动经中宣部和国家教委批准、由国家教委社会科学司、思想政治工作司和中宣部《时事报告》杂志社共同组织,表彰在第一线从事"两课"教学工作、取得优异成绩、做出突出贡献的骨干教师。在这一批荣获表彰的101名"两课"教师中,就有北京理工大学教师张红峻,他还是1995年度北京市优秀教育工作者称号的获得者,并于2004年获评北京市教学名师。历史教研室的赵和平主持的项目也曾获得北京市教学成果一等奖。"马克思主义政治经济学"主讲教师赵瑾

---

① 《十五大以来重要文献选编》(下),人民出版社2003年版第1823页。
② 中共北京理工大学委员会《全面落实党的建设新的伟大工程大力推进国际知名高水平研究型大学建设——北京理工大学党建和思想工作先进普通高等学校评审综合报告》,2004年8月,北京理工大学档案馆。

璐曾获北京市"五四奖章"、全国霍英东教学基金会一等奖，入选北京市培养跨世纪理论人才"百人工程"。教育大计，教师为本，"98方案"以及"两课"教学改革带动了教师队伍的发展，反过来，教师队伍的成长保障着思想政治理论课程的教学质量。

4.3.3 拓展思政教育渠道，探索主干课与选修课配套、第一课堂与第二课堂结合

20世纪90年代，北京理工大学制定了"跨世纪德育工程"，贯彻"以智养德，以德养才，德育为主，全面发展"的方针，全面落实党委统一部署、校长及行政系统为主来实施的德育工作领导管理体制。① 在抓好思想政治理论课这一德育工作主渠道的同时，探索"必修课＋选修课""第一课堂＋第二课堂"的模式，发挥协同育人的作用。

"必修课＋选修课"指思想政治理论课必修课与人文素养选修课相配套的教学改革。改革开放之初，国家和社会对于理工科技人才的需求量很大，社会上甚至有"学好数理化，走遍天下都不怕"的说法，理工科高校相应比较偏重于专业教育。到20世纪90年代，随着社会发展和改革深入，需要高校培养具有创新精神和创造能力、"通专融合"的复合型人才，需要加强理工科学生的人文素质教育。北京理工大学人文社会科学学部（1999年改称人文社会科学学院）既承担着思想政治理论课程教育教学工作，也是学校开展人文素质教育的主力军。

为了充分利用师资资源优势，拓展思想政治教育的空间，思政课教学团队在高质量完成各门思想政治理论课教学工作的同时，也配合设计开设人文素质选修课，形成统筹政治理论教育与人文素质教育的课程体系。几经探索后形成三组思政课相关的配套课程，实现了一门选修课与一门主干思政课"一配一"的对应关系，"近现代中国的革命与变革"配套"社会主义现代化与人的现代化"、"中国特色的社会主义经济建设"配套"工业

---

① 焦文俊《落实科教兴国战略　为创建国内一流国际知名的高水平大学而奋斗——中国共产党北京理工大学第十一次代表大会工作报告》，2000年7月10日。

育心铸魂
——北京理工大学思想政治理论课建设史

化与资本主义经济发展"、"马克思哲学与现实"配套"毛泽东哲学思想研究"等。主干课程其实就是思政课的主题延伸和价值拓展,而选修课程作为主干课程的配套和辅助,进一步深化相关领域的学习,具有更强的针对性。① 改革中还将过去常用的讲授模式变为"双向交流"和"启发式"教学模式,考试方法上突破闭卷考试的单一形式,尝试开卷考试与口试,写读书心得、调查报告、论文等相结合的考核方式,突出学生能力的考核,这些教学创新在实践中取得不错的效果。②

2000年,学校大力推进面向21世纪教学内容和课程体系改革工作,形成了"231"重点教改工程,其中"3"即指"'两课'与人文社会科学、机械设计基础、工程力学三大基础课群改革建设及教学质量监控体系的研究与实践",这是对于"两课"与人文社会科学的课群改革建设工作的肯定。③

"第一课堂+第二课堂"指思政课堂教育教学与学生课外活动相结合的工作机制。在开展学生思想政治教育教学工作中,北京理工大学具有协同合力、齐抓共管的传统。在学校的顶层设计、领导统筹之下做到了工作格局多层次、工作团队多沟通、工作内容多贯通。

在积极探索邓小平理论和"三个代表"重要思想"进课堂、进教材、进学生头脑"的过程,学校鼓励站稳第一课堂、拓展第二课堂。思想政治理论课教师发挥理论优势,深入到学生社团组织活动中,帮助学生把握好政治方向,提升理论水平;他们还活跃于学生党团活动中,讲党课团课,指导社会实践,有效地形成了思政课课内教学与学生课外社团活动和社会实践的有机结合。

鉴于思政教育教学工作贯穿于学生生活方方面面的现实需求,北京理工大学注意一起抓好思政教学队伍、学生思政工作队伍建设。学校人事政策鼓励这两支队伍的成员在职接受学历教育,提升理论水平。规定可边工

---

① 《关于高校马克思主义理论课和思想品德课教学改革的若干意见》,1995年9月29日,北京理工大学档案馆。
② 《从延安走来——北京理工大学的办学道路》,北京理工大学出版社2004年版第134页。
③ 焦文俊《落实科教兴国战略 为创建国内一流国际知名的高水平大学而奋斗——中国共产党北京理工大学第十一次代表大会工作报告》,2000年7月10日。

作边学习,可在 4~5 年的时间内修完研究生学位课程,并取得学位;工作两年可报考思想政治教育第二学士学位;工作 4 年可申报含单独考试的研究生。① 同时,在大思政格局下,鼓励两支队伍经常性交流,学生工作干部会参与到思政课的备课中,使得思政课程更能贴近社会现实和学生思想实际,增强吸引力和感染力;思政课教师也参加学生工作部的相关活动,在理论宣论等方面贡献力量。

思政教育第一课堂与第二课堂还常常在教育内容主题方面协同发力。学校的思想政治教育的特色之一是进行以热爱国防事业为主要内容的爱国主义教育。思政课的第一课堂教学会融入国防建设现状教育、爱国奉献精神教育、艰苦奋斗作风教育等。相应地,学生工作部门每年开展的新生教育中也一直都有"热爱军工专业、献身国防事业"的爱国主义教育内容,在课外社会实践的选题中鼓励赴军工企业、访红色老区,在学生社团活动中成立"共产主义学习会""马列主义研究小组"等,组织相关的讲座、演讲与知识竞赛。② 这样,从课内到课外、从理论学习到亲身实践、从师授生学到同学间的朋辈激励,多渠道、多层次的工作形成了思政教育教学的合力,引导学生树立正确的世界观、人生观和价值观,树立社会主义精神文明新风尚,提高了学生的全面素质。③

回顾改革开放后北京理工大学在思想政治理论课建设方面的创新探索,既有艰难曲折,更有凯歌前行。无论是对于"80 试行方案"和"85 方案"的积极响应,还是对"98 方案"的落实创新,北京理工大学思想政治理论课的建设始终和中央整体规划步调一致,在大是大非中保持了坚定的政治立场,在时代发展中开辟出独特的探索路径,为新世纪北京理工大学思想政治理论课的进一步创新发展奠定了坚实基础。

---

① 《加强党的建设和思想政治工作,办好我党创建的第一所理工科大学——北京理工大学申报北京市"党的建设和思想政治工作先进普通高等学校"的自荐报告》,1993 年 10 月,北京理工大学档案馆。

② 《从延安走来——北京理工大学的办学道路》,北京理工大学出版社 2004 年版第 155 - 160 页。

③ 焦文俊《落实科教兴国战略 为创建国内一流国际知名的高水平大学而奋斗——中国共产党北京理工大学第十一次代表大会工作报告》,2000 年 7 月 10 日。

第 5 章 "05 方案"下的北理工思想政治理论课程的改革与创新

世纪之交，党中央高度重视高校思想政治理论课建设，出台了一系列纲领性文件，对思政课建设打开新局面具有深远意义。这一时期的高校思政课建设继往开来，创新发展。北京理工大学在中央文件精神的指引下，对学校思政课建设进行了全面部署，出台了相应的制度和举措，思政课的课程体系不断发展，教学机构设置进一步完善。2009 年，设立马克思主义理论教研部，2014 年 5 月将其更名为马克思主义学院，2016 年 1 月又将其独立设置为直属学校领导的思想政治理论课教学科研二级机构。学院秉承自延安自然科学院时期便薪火相传的教育教学传统，在新时代扎实推动思政课建设内涵式发展，实现了高质量跨越式发展。为回报党和国家领导人的殷殷重托，学院在学校各级领导的关怀指导下，坚持为人民服务，为中国共产党治国理政服务，为巩固和发展中国特色社会主义制度服务，为改革开放和社会主义现代化建设服务，助力学校"办好中国特色社会主义高校"。

5.1 新世纪开启思政课建设新征程

跨入新世纪之后，在全面建设小康社会新的实践中，中国的高等教育也站在新的历史起点上，尤其"211 工程"建设对高校人才培养提出了新要求。北京理工大学坚持正确的办学方向，继承光荣传统，发扬延安精神,坚持德育首位,培养德智体美等全面发展的合格人才已成为学校的重要办学特色。① 学校在总结思政课"98方案"实践经验的基础上,不断深化"马克思主义理论课"和"思想品德教育"课程改革,提升课程质量;服务学校"国内一流、国际知名的高水平大学"的建设目标,创新思政教育教学的新思路,实施新世纪德育工程,探索完善德育答辩新模式。

5.1.1 瞄准一流大学目标,加强对思政教育教学的组织领导

进入21世纪之后,国际国内形势都对中国高等教育提出新要求。随着全面建设小康社会的进程,国家需要更多具有创新精神和实践能力、德智体美全面发展的各类高素质专门人才和拔尖创新人才,2004年国务院发布《2003—2007年教育振兴行动计划》,提出构建和完善中国特色社会主义现代化教育体系。随着中国加入世界贸易组织、高等教育国际化程度加深,为应对激烈的人才竞争,面向新的教育发展趋势,高等教育开始了新一轮的改革和创新。在中国特色社会主义高校人才培养中,思想政治教育起着举足轻重的地位。2000年,江泽民在《人民日报》发表文章,强调实施科教兴国战略,坚持正确的教育方向,他特别提到抓好教育工作的核心是全面贯彻党的教育方针,重点是要在推进素质教育中突出抓好德育工作。②

北京理工大学继续加强思想政治工作、德育和校园精神文明建设,提高师生思想道德素质,把全校师生员工的智慧和力量凝聚到研究型大学建设上来。③ 为此,学校在思想政治工作、思想理论教育等方面加强党的领导,完善相关制度,制订系列文件,通过方方面面的工作形成合力,引导学生树立正确的世界观、人生观和价值观,树立社会主义精神文明新风尚。

---

① 焦文俊《落实科教兴国战略 为创建国内一流国际知名的高水平大学而奋斗——中国共产党北京理工大学第十一次代表大会工作报告》,《北京理工大学校报》2000年7月20日(校第十一次党代会专刊)第4版。
② 江泽民《关于教育问题的谈话》,《人民日报》2000年3月1日第1版。
③ 焦文俊《贯彻"三个代表"重要思想 落实科学发展观 为实现研究型大学建设目标而奋斗——中国共产党北京理工大学第十二次代表大会工作报告》,《北京理工大学校报》2004年9月10日第1版。

育心铸魂
——北京理工大学思想政治理论课建设史

完善制度建设,学校党政加强对思想政治教育的领导组织。学校发挥"北京理工大学思想政治理论课领导小组"的领导作用,定期召开会议,重点解决思想政治理论课建设当中遇到的困难和问题。学校党委、行政也定期研究思想政治理论课建设,贯彻落实中央和教育部有关文件精神。学校第十一次、第十二次党代会报告将"不断提高思想政治工作的质量和水平""深化'两课'改革"等列入学校的重点工作。学校专门制定"十五"思想政治理论课建设规划,把思想政治理论课列入重点(精品)建设课程,给予大力支持。同时,学校在学生学位授予、教师职称评审等相关委员会的组成时,也吸收思政课教师团队成员,思想政治理论课课群学科带头人担任了学校学位委员会委员、人文学科分会主席,成为学校高级专业技术职务评定委员会成员,在学校的人才培养、职称评定等工作中发挥着特别的作用。

重视师德师风,强化教师的育人职责。作为中国共产党创办的第一所理工科大学,学校领导历来重视专业课程教师在学生思想成长中示范、引领和带动作用,以教书育人为导向构建和提升教师队伍。2003年9月30日,学校修订并发布《北京理工大学教师本科教学工作通则》(以下简称《通则》)。《通则》指出:按照江泽民同志"在庆祝北京师范大学建校一百周年大会上的讲话"精神,对教师修养总的要求是志存高远,爱国敬业,为人师表,教书育人,严谨笃学,与时俱进。要求教师在教书育人中贯彻科学性与思想性统一原则,结合教学过程对学生进行马列主义、毛泽东思想、邓小平理论和"三个代表"重要思想的教育,树立正确的世界观、人生观、价值观,关心学生的全面成长,鼓励专业课教师兼任并做好学生工作。[①]

加强人才队伍建设,为思政课建设提供坚实的人才支撑。2004年12月,为了贯彻全国人才工作会议精神,落实学校第十二次党代会提出的人才强校战略,北京理工大学召开全校人才工作会议,专门讨论了《北京理

---

① 《北京理工大学关于进一步严格教学纪律加强教风学风建设的若干规定》(2003年9月30日),北京理工大学新闻网 http://www.bit.edu.cn/lzbflm/jyjx/bksjy/jxglwj/a416.htm,2019年3月6日。

工大学"十一五"教师队伍建设规划》《落实人才强校战略，进一步加强我校教师队伍建设的实施意见》等文件，[①] 要求各学院从其队伍现状（规模、结构、学科带头人情况）、队伍建设的主要经验和存在的主要问题、队伍建设的指导思想、队伍建设的目标和任务（规模、结构、学科带头人、引进和引智计划、学科带头人和青年骨干教师培养深造计划）、队伍建设的保障措施等方面的内容出发，制定完成本学院教师队伍（含实验技术队伍）建设规划。[②] 在这一背景下，思想政治理论课教学团队也得到加强，人文社会科学学院一方面落实人才发展规划，制定思政课教师队伍建设方案，吸收优秀毕业生充实队伍，另一方面又计划安排中青年教师在职攻读高一级学位，鼓励教师出国深造开展合作研究。

5.1.2 推进"三个代表"重要思想"三进"工作，继续深化"两课"改革

马克思主义具有与时俱进的理论品质，其基本原理既放之四海而皆准，又会随着时代的发展而不断发展。在当代中国，马克思主义中国化的新发展产生新的理论成果，改革开放和社会现代化建设实践也会在解决新问题中涌现新成就，这些新成果和新成就不断充实思想政治理论课的教学内容，思政教师需要认真讲好发展了的马克思主义。

落实"三个代表"重要思想进教材、进课堂、进头脑。2001 年，江泽民在《在庆祝中国共产党成立 80 周年大会上的讲话》中，全面回顾和系统总结了党的光辉历程和基本经验，全面阐述了"三个代表"重要思想的科学内涵。"三个代表"重要思想是新的历史条件下丰富和发展马克思主义的成果，是新时期加强党的建设和改革开放、社会主义现代化建设的新的伟大纲领。高校抓好"三个代表"重要思想的"三进"工作，是对邓小平理论"三进"工作的深化。2001 年 7 月 26 日，教育部下发了《关于普通

---

① 《我校召开 2004 年人才工作会议》（2004 年 12 月 11 日），北京理工大学新闻网 https://www.bit.edu.cn/xww/xwtt/a35832.htm，2020 年 9 月 1 日。

② 北京理工大学党委办公室《关于印发党委书记焦文俊、校长匡镜明在 2004 年校人才工作会议上的讲话和副校长杨树兴工作报告的通知》（党办字〔2004〕69 号），2004 年 12 月 16 日。

高等学校"两课"教育教学中贯彻江泽民同志"七一"重要讲话精神的通知》,①强调贯彻讲话精神,积极推进"三个代表"重要思想进课堂、进教材、进学生头脑的"三进"工作。2003年2月12日,教育部下发了《关于进一步深化"三个代表"重要思想"三进"工作的通知》,②通知强调"党的十六大的胜利召开,特别是把'三个代表'重要思想同马克思列宁主义、毛泽东思想、邓小平理论一道确立为我们党必须长期坚持的指导思想,对高校特别是'两课'教育教学用科学理论武装大学生提出了新的更高的要求",提出"各高校从2003年秋季开学开始,应普遍开设邓小平理论和'三个代表'重要思想概论课"。③

"三个代表"重要思想进入高校课堂。北京理工大学掀起学习贯彻"三个代表"重要思想的热潮,早在2001年秋季学期开始,"两课"系列课程中陆续探索融入"三个代表"重要思想。参考之前教育部社政司组织编写的"教学建议",学校"两课"中的"马克思主义哲学原理""马克思主义政治经济学原理""毛泽东思想概论""邓小平理论概论"以及"思想道德修养"等课程都融入了江泽民"重要讲话"精神,各门课程都以"三个代表"重要思想充实教学内容。同时,思政课程各教研组及学校教务部门积极筹划思政课程设置调整工作,从2003级本科生开始,新开设"邓小平理论与'三个代表'重要思想概论"一课,以代替原教学计划中的"邓小平理论概论",帮助学生更加系统化地学习理解中国特色社会主义理论成果,坚定走社会主义道路的信心。

乘势而上,激励教师深入钻研学习。新世纪高校思政理论教育得到党和国家的高度重视,思政课程建设出现了良好势头。2000年,第九次全国高校党建工作会议表彰了38位高校党建和思政教育先进工作者,其中,13名"两课"教师获此殊荣。这是对高校思想理论教育在高校党建和思政工

---

① 中华人民共和国教育部《关于普通高等学校"两课"教育教学中贯彻江泽民同志"七一"重要讲话精神的通知》(教社政〔2001〕5号),2001年7月26日。
② 中华人民共和国教育部《关于进一步深化"三个代表"重要思想"三进"工作的通知》(教社政〔2003〕2号),2003年2月12日。
③ 教育部社会科学司《普通高校思想政治理论课文献选编(1949—2006)》(修订本),中国人民大学出版社2007年版第193页。

第 5 章 "05 方案"下的北理工思想政治理论课程的改革与创新

作中的地位作用的充分肯定,也激励了广大"两课"教师的工作热情。

为进一步学习好、领会好、贯彻落实好中央文件精神,人文社会科学学院的马列主义教研室组织教师集体学习"三个代表"重要思想和中央有关文件,不断加强理论学习的深度和广度。教师积极参与学校教学改革,探索新方法,解决新问题,把"三个代表"重要思想的基本精神和主要观点与各门课程的学科内容有机结合。教研室奖励先进骨干教师,鼓励教师学习多媒体操作,参加教育部"精彩一课"的评选活动,为参评者提供强有力的支持。此外,学校和学院将马克思主义理论与思想政治教育领域的科研工作作为重点来抓,努力培养和造就相关的专家、教授和理论家。这些举措,为快速提高"两课"的教学科研水平起到了积极作用,马列主义教研室突飞猛进,呈现出蓬勃朝气。

总结授课经验,帮助教师切实提升教学质量。学校领导重视对思政课的教学质量考核。以"形势与政策课"为例,学校各有关部门通力合作,在全面评估和考核后总结,2004 年上半年的"形势与政策课"期末考试采取撰写论文的形式,反映了学生的思想动态,体现了对学生对国内国际局势的认识,取得了较好的学习效果,因此决定期末考试仍采取撰写论文的形式。根据教育部《2004 年下半年高校"形势与政策课"教育教学要点》精神,学校在全体本科生中继续开设了"形势与政策课",并肯定此前在教学和考核中适时更新时政内容的做法。例如,学校提出:期末论文的选题中包括"中发〔2004〕16 号文件"。学生可以讨论"新形势下如何加强和改进高校校园文化建设""如何开展深入细致的思想政治工作和心理健康教育""怎样依托班级、社团等组织形式,开展大学生思想教育工作""从事大学生思想政治教育人员应具备的素质及如何培养"等多种主题。[1]事实证明,这对于激发学生学习思政课的热情,深化他们对国家大政方针的认识,提升他们对国内外形势的分析能力起到了重要作用。

---

[1] 《关于本学期"形势与政策课"考试的通知》(2005 年 1 月 12 日),北京理工大学新闻网 https://www.bit.edu.cn/xww/jxky1/42052.htm,2019 年 9 月 1 日。

5.1.3 实施德育答辩，创新思政教育新思路

新世纪北京理工大学继续全面实施"跨世纪德育工程"，贯彻"以智养智，以德养才，德育为主，全面发展"的德育方针，[①] 完善对大学生品德行为素质的综合考核，切实加强德育工作的实效性，在不断探索创新中形成独具特色的大学生思想政治教育的制度——德育答辩。

在大学生德育工作中尝试毕业生德育答辩。北京理工大学早在1992年即提出"跨世纪德育工程"，制定了《北京理工大学德育实施纲要》，德育工作中需要较为客观地了解学生的德育情况、更加科学地评价德育工作成效。为此，学校党委及相关部门拓展思路、创新方法，从2003年起尝试毕业生德育答辩制度。每位北京理工大学本科生在毕业之前都要完成德育答辩环节，在个人生活成长、思想心理发展等方面接受综合评价。为了支持毕业生德育答辩工作，学校专门下发了实施意见和办法，将德育答辩工作的经费纳入学校素质教育经费预算中，切实保证"德育答辩"所需的工作和活动场地，配备必需的器材和设备等。

这样，北京理工大学学生在本科毕业之前都要进行两个答辩，即学位论文答辩和德育答辩。德育答辩要求毕业生完成5 000字左右的个人总结论文，并回答答辩委员会提出的问题，他们可以畅谈大学四年的心路历程、实践感想、成功的喜悦和对挫折的反思，也可以制订今后的计划和目标，重新明确自己的人生意义和价值，评审教师会对学生总结中存在的问题、学生之间的争议进行解答。这一制度有效地强化了学生在大学学习期间对自身思想道德的内省与行为自律，同时，也增强了毕业生开启人生未来、促进自我成长的目标意识，很好地体现了大学教育中德育与智育相辅相成的教育意义。

在继承创新中形成北理特色的德育答辩制度。在总结德育答辩工作的经验与不足的基础上，学校形成覆盖全校学生、贯穿学生本科学习全过程

[①] 焦文俊《落实科教兴国战略　为创建国内一流国际知名的高水平大学而奋斗——中国共产党北京理工大学第十一次代表大会工作报告》，《北京理工大学校报》2000年7月20日（校第十一次党代会专刊）第4版。

的德育答辩制度。活动环节包括德育开题、德育中期检查、德育毕业答辩，原先只面向毕业年级的德育制度拓展到全校学生。学校党委从搭建全员、全方位、全过程育人平台载体的考虑出发，加强领导，要求辅导员、班主任、专业课教师、校院领导、机关后勤干部及工作人员共同参与。

德育开题活动在大学一年级新生中开展，全校所有处级以上干部、部分思政课教师均有自己的联系班级，对学生进行一对一的指导。在德育开题会上，学生要对大学四年如何在政治、思想与道德方面塑造良好的自我进行设计，以书面形式对大学生活和个人发展进行全面规划、实施、修正和总结，以班级为单位开展交流答辩，接受评价和指导。从德育开题为起始，学校为所有学生建立"德育档案"；大学二年级、三年级学生要接受德育中期考核，查缺补漏，有针对性地加强自我思想提升；学生毕业之前要完成毕业德育答辩，接受大学德育实施效果的全面检验。学生要撰写3 000字到5 000字的德育论文并完成答辩，系统总结和反思大学四年的学习、生活、思想、道德情况。[1]

德育答辩制度取得显著的现实成效与社会影响。德育答辩是学校全面贯彻落实党的教育方针、培养德智体全面发展的合格接班人的必然要求，也是加强和改进大学生思想政治教育、加强德育工作的有效方式。作为学校思想政治教育工作的有益探索，德育答辩制度不断融入新的元素，注重理论联系实际，力求既能把握理论体系，又能注重文化传承，结合时代精神不断创新。

到2020年，北京理工大学已坚持开展德育答辩工作18年，取得了良好的成效，受到了学生的欢迎，也产生了显著的社会影响力。2006年6月，北京市委教育工委在北京理工大学举办了德育答辩工作观摩会，推广德育答辩工作经验，北京40余所高校代表参加此次观摩会。北京市委教育工委领导在会上指出，德育答辩着力于大学生德育体系的整体构建，是一项基础性的工作，是真正落实德育为首的一个重要举措。2007年8月，李

---

[1] 《北京理工大学本科生德育答辩工作实施办法》（2006年4月24日），北京理工大学迎新网 https：//www.bit.edu.cn/yxw/dxcz/xsglyx/xssc/103634.htm，2020年7月1日。

长春、刘云山、陈至立、吉炳轩、周济等领导同志分别对北京理工大学的德育答辩工作作了重要批示。学校德育答辩的工作与成就得到社会媒体的广泛关注，新华社、《人民日报》、《北京日报》、《光明日报》、《中国教育报》、中央电视台《新闻联播》栏目、中国教育电视台《国视 60 分》栏目等分别报道了学校的德育答辩工作，社会影响十分显著。①

5.2 新形势下大力推进思政课建设

新形势对高校思政课提出了新的任务和要求。随着我国改革开放的深入和社会主义市场经济的发展，各种思想文化相互激荡。如何在新形势下引导大学生正确认识错综复杂的国内外形势，如何引导他们为祖国和人民真诚奉献，做到与时代同步伐、与祖国共命运、与人民齐奋斗，成为高校思政课建设亟须解决的重大而紧迫的课题。

5.2.1 新世纪指导思想政治理论课建设的纲领性文件

思想政治理论课建设规划服从于国家社会主义人才培养的总体目标、满足着社会主义现代建设的现实发展，必然会随着时代的发展而不断调整完善。2002 年党的十六大把马列主义、毛泽东思想、邓小平理论和"三个代表"重要思想确立为我们党的行动指南，用这些理论武装大学生头脑事关实现中华民族伟大复兴的大事业。事实上，到 2003 年各校在执行"98 方案"中课程设置、教学内容已有调整，"三个代表"重要思想已经成为课堂教学的重要内容；同时，高等教育改革以提升本科人才培养质量为核心，对于学生的全面发展、创新能力都有新要求，人才培养理念和教学管理体系不断完善，本科生在校学习总课时数呈减少趋势。而"98 方案"的"两课"体系包括 7 门课程，各课之间有内容有交叉重复现象的再现。为更好地适应现实需要、完善课堂体制，高校思政课改革势在必行。

---

① 辛嘉洋《多家媒体报道北理工 15 年坚持开展德育答辩工作》，(2017 年 5 月 24 日)，北京理工大学新闻网 https://www.bit.edu.cn/xww/djsz/140553.htm，2020 年 7 月 5 日。

第 5 章 "05 方案"下的北理工思想政治理论课程的改革与创新

2004 年年初，党中央发布了《关于进一步繁荣发展哲学社会科学的意见》，对新形势下繁荣和发展哲学社会科学的指导方针、总体目标和主要任务作了新的部署，明确提出要实施"马克思主义理论研究和建设工程"。2004 年 8 月 26 日，中共中央、国务院颁发了《关于进一步加强和改进大学生思想政治教育的意见》（以下简称《意见》），即"中发〔2004〕16 号文件"。

"16 号文件"是中华人民共和国成立以来第一次以党中央、国务院名义下发的改进大学生思想政治教育的文件，将大学生思想政治教育工作视为事关国家前途和命运的战略工程。文件立意高远、总揽全局、体系完整，提出了许多重要思想和观点，是新世纪新阶段下指导大学生思想政治教育的纲领性文件。《意见》指出：加强和改进大学生思想政治教育的主要任务是，以理想信念教育为核心，以爱国主义教育为重点，以基本道德规范为基础，以大学生全面发展为目标。《意见》特别强调，要充分发挥课堂教学在大学生思想政治教育中的主导作用。高等学校思想政治理论课是大学生思想政治教育的主渠道。思想政治理论课是大学生的必修课，是帮助大学生树立正确的世界观、人生观、价值观的重要途径，体现了社会主义大学的本质要求。要按照充分体现当代马克思主义最新成果的要求，全面加强思想政治理论课的学科建设、课程建设、教材建设和教师队伍建设，进一步推动邓小平理论和"三个代表"重要思想进教材、进课堂、进大学生头脑工作。要联系改革开放和社会主义现代化建设的实际，联系大学生的思想实际，把传授知识与思想教育结合起来，把系统教学与专题教育结合起来，把理论武装与实践育人结合起来，切实改革教学内容，改进教学方法，改善教学手段。要加强对思想政治理论课的宏观指导，采取有力措施，力争在几年内明显改善思想政治理论课教育教学情况。

5.2.2 以"05 方案"为指导，建设思想政治理论课程新体系

2005 年 1 月 17 日至 18 日，全国加强和改进大学生思想政治教育工作会议在北京举行。胡锦涛在会上发表了重要讲话，深刻阐释了加强和改进大学生思想政治教育工作的极端重要性和紧迫性，强调切实加强和改进大

学生思想政治教育工作对确保实现全面建设小康社会，进而实现现代化的宏伟目标，确保实现中华民族的伟大复兴，具有重大而深远的战略意义。李长春在会上指出，要切实抓好加强和改进思想政治理论课的教学、用当代马克思主义指导高校哲学社会科学教学、大力加强师德建设、深入开展社会实践、加强校园文化建设、充分发挥高校党团组织和学生组织的重要作用、加强大学生思想政治教育队伍建设七个方面重点工作。①

2005年2月7日，根据"中发〔2004〕16号文件"精神、经党中央同意、中宣部、教育部印发《中共中央宣传部教育部关于进一步加强和改进高等学校思想政治理论课的意见》（教社政〔2005〕5号），提出了高等学校思政课的新的课程设置（如规定四年制本科设置"马克思主义基本原理""毛泽东思想、邓小平理论和'三个代表'重要思想概论""中国近现代史纲要""思想道德修养与法律基础"四门必修课，开设"形势与政策""当代世界经济与政治"等选修课）。2005年3月9日，中宣部、教育部印发《〈中共中央宣传部教育部关于进一步加强和改进高等学校思想理论课的意见〉实施方案》（教社政〔2005〕9号），对于各门课程的具体设置情况做了详细规定，就教学研究、教师培训、学科建设以及加强领导等提出了具体要求。这即思政课程建设的"05方案"，也是今后一个时期加强和改进高校思政课教学的指导性文件。在"05方案"的落实中，北京理工大学在新起点上开始思想政治理论课建设的新阶段。

北京理工大学党委高度重视新一轮思政课程改革工作，组织学生工作部门及"两课"教师认真学习中共中央、国务院颁发的《关于进一步加强和改进大学生思想政治教育的意见》，结合工作实际落实"意见"精神。学校依照中宣部、教育部《〈中共中央宣传部教育部关于进一步加强和改进高等学校思想理论课的意见〉实施方案》的要求，组织"两课"教师做好新课程建设的相关准备工作。

在2005年下半年统一调整本科生思政课程教学计划与课程设置，新课

---

① 《全国加强和改进大学生思想政治教育工作会议召开》，《中国教育年鉴》（2015年）[2020年7月19日]，中华人民共和国教育部网站 http://old.moe.gov.cn//publicfiles/business/htmlfiles/moe/moe_1618/200708/25621.html。

程方案由四门必修课组成：由哲学教研室开设的"马克思主义基本原理概论"（3学分），由历史教研室承担的"毛泽东思想、邓小平理论和'三个代表'重要思想概论"（4学分）和"中国近现代史纲要"（2学分），由思想品德教研室负责建设的"思想道德修养与法律基础"（3学分）。新思政课程教学方案从2006级开始执行。

为保证新课程的顺利开设、规范运行，学校加大教师队伍建设，一方面发挥老教师的传帮带意义，规范教研室备课制度，也大量选派骨干教师参加教育部、北京市相关课程培训；另一方面给予人事政策支持，加大新毕业博士生、新出站博士后的吸收力度。2005年之后，思政课程相关各教研室每年都有新成员的加入。"05方案"公布之初还未对新课程教材做统一要求。2005年下半年，历史教研室组织编写了《中国近现代史纲要》教材，在2019年高等教育出版社《中国近现代史纲要》统编教材出版前，这一自编教材一定程度上解决了开课之初急需教材的现实情况。2006年秋季新生入学之后，"05方案"指导下第一门新课程"思想道德修养与法律基础"顺利开设，教学中统一使用了中宣部、教育部组织编写的马克思主义研究和建设工程高校思想政治理论课相关教材。之后，其他三门课程也先后开设，由于之前的领导组织工作有力、教学准备工作充分，思政课程实现了从"98方案"向"05方案"的成功过渡。

"形势与政策"也是本科生思想政治理论课的重要组成部分。根据中共中央宣传部《关于进一步加强高等学校学生形势与政策教育的通知》（教社政〔2004〕13号），北京理工大学坚持开设"形势与政策"课程，选用中宣部和教育部组织制作的《时事报告（大学生版）》和《时事》DVD作为学生学习辅导资料。课堂规模现基本确定在150人左右。通过专兼职教师的努力，基本达到了较好的教学效果。

北京理工大学马克思主义理论各课程组于2000年开始实施大学生社会实践工程。根据中华全国青年联合《关于进一步加强和改进大学生社会实践的意见》（教社科〔2005〕3号）的文件精神，学校在"05方案"的实施中完善大学生社会实践机制，将实践教学纳入教学计划，计为2个学分，每年6月由马克思主义理论教研部的教师负责指导完成。学生社会实践报告在北京市相关评奖中获得优异的成绩，被《人民日报》《光明日报》等媒体报道宣传。

"05方案"改革大背景下，高校研究生思想政治理论课程也开始新一轮改革。2010年8月6日，中共中央宣传部、教育部专门下发《关于高等学校研究生思想政治理论课课程设置调整的意见》（教社科〔2010〕2号），对于研究生思政理论课程设置调整的必要性、原则与内容做明确规定。北京理工大学在2012年春季时期为所有2011级硕士生开设必修课"中国特色社会主义理论与实践研究"（2学分）和"自然辩证法概论"（1学分）。同时，也为博士生开设思想政治理论课必修课"中国马克思主义与当代"。

在"05方案"的指导下，北京理工大学在思政课程建设中注重思政课的必修课课内学习与课外社会实践统筹兼顾、马克思主义理论学习与专题式形势时事了解相结合，逐渐形成覆盖本科生、硕士生、博士生的思想政治理论课课程体系。

5.2.3 抓住机遇求发展，全方位推进思想政治理论课程建设

随着我国高等教育的迅猛发展，高校学生的规模、素质、结构及学习、生活的环境都产生了巨大变化。大学生在政治信仰、理想信念、价值取向、奉献精神和国防观念等方面出现了一些偏差。面对这些情况和问题，大学生思想政治教育工作还存在着许多不适应的地方和薄弱环节，创新性、实效性和针对性还有待进一步增强。同时，党和国家高度重视高校的思政课程建设，在思政课教师成长、马克思主义理论学科建设等方面给予方向引导与政策支持，高校思政课程建设迎来前所未有的发展机遇。北京理工大学思政课教学团队没有辜负时代，在课程改革创新方面取得斐然成绩。

完善思政课教学机构，创立教研部。2006年，学校思想政治理论课程仍由人文与社会科学学院相关教研室承担。2007年，其中的哲学教研室、历史教研室和思想品德教研室联合组建马克思主义理论课程组，统筹组织本科生"05方案"所涉各门课程。2009年，根据《中共中央宣传部教育

第 5 章 "05 方案"下的北理工思想政治理论课程的改革与创新

部关于进一步加强高等学校思想政治理论课教师队伍建设的意见》(教社科〔2008〕5 号)和《关于加强北京高校思想政治理论课教师队伍建设的实施意见》(2009 年 1 月)等文件精神,① 北京理工大学成立马克思主义理论教研部,并在 2016 年成为直属学校领导的教学科研二级机构,以"马克思主义基本原理概论""中国近现代史纲要""毛泽东思想和中国特色社会主义理论体系概论""思想道德修养与法律基础"四个课程为核心,承担全校本、硕、博思想政治理论课程的建设任务。这一机构是马克思主义理论研究和学科建设的依托单位,对于整合教学资源、凝聚高素质队伍、搭建高素质平台、提高科研能力和学科建设、加强和改进大学生思想政治教育具有重大意义。

加强教师队伍建设,给予政策支持。2005 年 3 月 25 日,为贯彻落实《关于进一步加强和改进大学生思想政治教育的意见》(中发〔2004〕16 号文件),北京理工大学发布《中共北京理工大学委员会关于进一步加强学生思想政治教育工作队伍建设的实施意见》(党字〔2005〕9 号),文件对于从事思政教育教学的教职员工提出新要求。大学生思想政治工作者应该具有坚定的政治方向,具有一定的马克思主义理论功底和政策水平,有较强政治敏锐性,在思想上、政治上、行动上与党中央保持高度一致;忠诚党的教育事业,热爱学生思想政治教育工作,具有高度的责任感和奉献精神;热爱学生,品行端正,以身作则,为人师表;熟练掌握从事学生思想政治工作必备的专业知识和技能,熟悉教育规律,具有比较广博的社会科学和自然科学知识,以及良好的文化素养;有较强的组织管理、调查研究和表达能力;具有承担"两课"或其他相关课程(心理健康教育、就业指导课、党团课等)的教学及相关科研工作的能力。

马克思主义理论教研部在学校领导和支持下,积极落实人才发展规划,采用多种形式全面提升教师综合素质。明确规定接受和引进新教师必

---

① 其他相关文件还有:《中共中央国务院关于进一步加强和改进大学生思想政治教育的意见》(中发〔2004〕16 号)、《中共中央宣传部教育部关于进一步加强和改进高等学校思想政治理论课的意见》(教社政〔2005〕5 号)、《〈中共中央宣传部教育部关于进一步加强和改进高等学校思想政治理论课的意见〉实施方案》(教社政〔2005〕9 号)。

育心铸魂
——北京理工大学思想政治理论课建设史

须具有博士学位,不断为思政队伍注入新生力量,使得队伍的学历结构、年龄层次都更加合理;广泛开展青年教师培训活动,有针对性地提高青年教师的教学水平。2009年孙利老师在北京市青年教师基本功比赛中获得二等奖;2009年,"思想政治理论课教学团队"被评为北京市优秀教学团队。

启动学科建设步伐,带动课程质量提升。2005年12月23日,教育部、国务院学位委员会印发了《关于调整增设马克思主义理论一级学科及所属二级学科的通知》(学位〔2005〕64号),将原来政治学一级学科之下的"马克思主义理论与思想政治教育"二级学科调整到马克思主义理论一级学科下,分别纳入"马克思主义基本原理"和"思想政治教育"二级学科。这使思想政治教育学科的地位有了极大的提升。马克思主义一级学科的设立为加强思政课程建设提供了有力的学科支撑。

2009年11月,北京理工大学第十三次党代表报告提出"人文学科要以建设马克思主义理论一级学科博士点为索引,努力建成有特色、入主流的学科群",强调"重视马克思主义理论学科建设,创新思想政治理论课形式,深入开展理想信念教育、国情教育和形势政策教育。"[1] "马克思主义理论"成为学校学科建设中新的增长点。根据2010年国务院学位委员会《关于下达2010年审核增列的博士和硕士学位授权一级学科名单的通知》(学位〔2011〕8号),北京理工大学马克思主义理论被增列为硕士学位授权一级学科点,设立5个学科方向,即马克思主义与当代社会发展、马克思主义中国化研究、思想政治教育理论与实践、中国近现代史基本问题研究、马克思主义与执政党建设研究。由此,北京理工大学启动"马克思主义理论"一级硕士点招生培养工作,2011年秋季第一批硕士生入校学习。未来发展成效证明,学科建设极好地带动了队伍的成长,有效提升了思政课教学质量。

结合校史校情,强化文化育人。马克思主义理论教研部坚持努力将"延安精神"和军工文化贯穿教学、科研和社会实践。教师在严格按照新

---

[1] 郭大成《解放思想 改革创新 激情进取 科学发展 全面开创高水平研究型大学建设新局面——中国共产党北京理工大学第十三次代表大会工作报告》,《北京理工大学校报》2009年11月26日第1版。

大纲和新教材的要求讲授的同时，注重联系大学生的思想实际，把传授知识和思想教育结合起来，把系统教学和专题教育结合起来，把理论武装和实践育人结合起来；注重基本理论、基本立场、基本观点和基本方法的传授，不断充实教学内容，改进教学方法，改善教学手段，积极推进邓小平理论、"三个代表"重要思想和科学发展观进教材、进课堂、进头脑。例如：在中国工农红军长征胜利70周年，为帮助学生继承和发扬党的光荣传统，宣扬和倡导伟大的长征精神，马克思主义理论教研部按照上级有关要求和安排，结合学校实际，组织召开师生学习《胡锦涛同志在纪念红军长征胜利70周年大会上的重要讲话》座谈会，将长征精神等内容纳入学生"思想道德修养与法律基础"的教学中，进一步激发了广大师生员工昂扬向上的精神风貌。

积极扩大影响，捷报频传。思政课教师牢记学科使命，潜心钻研教学和科研工作，积极参与各项活动，不断扩大社会影响，得到校内外一致好评。2007年，张红峻讲授的"思想道德修养与法律基础"入选教育部思想政治理论课"精彩一课"。2008年，崔建霞主讲的"马克思主义基本原理概论"入选教育部社会科学司首批高校思想政治理论课"马克思主义基本理论概论""精彩一课"名单。学校积极探索新媒体技术在思想政治理论课教学中应用，开发"情商加油站"等教学辅助软件。2010年1月17日，举办首届思想道德修养与法律基础课程总结暨学生讲师团年级汇讲，从100余个班级中选拔5组"优秀学生讲师团"，通过讲授、小品、话剧、DV等自我教育形式教授思想政治理论课内容。同年9月，"思想道德修养与法律基础"课程被教育部、财政部评为2010年度国家精品课程。2011年，思政教师崔建霞、李赫亚等获2009—2010年首都大学生思想政治教育优秀科研成果奖。"情商加油站"教学辅助软件在北京大学、中国人民大学、北京师范大学等10所高校进行课堂测试，达到预期教学效果。

这一时期，教研部教师主持国家社科基金5项、教育部人文社会科学基金7项、其他省部级项目20余项，出版学术专著、译著38部。教研部还获得2011年首都高校思想政治理论课学生社会实践优秀论文组织奖和北京理工大学"十一五"优秀科研团队。

到 2011 年，在充实和完善"05 方案"过程中，教育部出台了《高等学校思想政治理论课建设标准（暂行）》的通知（教社科〔2011〕1 号），文件包括 5 个一级指标，21 个二级指标，对思政课的组织管理、队伍建设、特色项目等方面作出详细规定。关于师资队伍建设，具体规定了其政治方向、教师选配、培养培训、职务评聘、表彰评优的具体要求。北京理工大学对标思政课程建设标准推动思政课程改革，促进思政课建设的制度化和规范化。2011 年 5 月，学校接受了北京市教工委专家督查指导组的对标督查，建设成效得到与评专家好评。

5.3 新时代思想政治理论课程的深化改革与创新成果

进入新时代，社会主义意识形态建设和党的思想政治工作面临新的挑战和机遇，习近平高度重视新时代高校思想政治工作，将高校思政课建设提到实现中华民族伟大复兴、培养德智体美劳全面发展的社会主义建设者和接班人的战略高度，提出新时代的思政课"非常必要""不可取代"，对新时代思政课建设提出了新的要求。中共中央、中宣部、教育部、工信部以及北京市教育工作委员会等就高校思想政治教育出台了一系列重磅文件，为思政课的改革创新提供了更广阔的平台和更前瞻的思考。2021 年，在中国共产党成立 100 周年之际，中共中央、国务院印发了《关于新时代加强和改进思想政治工作的意见》，指出思想政治工作是党的优良传统、鲜明特色和突出政治优势，是一切工作的生命线。加强和改进思想政治工作，事关党的前途命运，事关国家长治久安，事关民族凝聚力和向心力。

这一时期也是北京理工大学思政课建设的高速发展时期，在前期努力的基础上，各项工作取得了瞩目成绩。

5.3.1 加强组织领导，为思政理论课建设提供组织保障

2012 年 3 月，教育部印发了《教育部关于全面提高高等教育质量的若干意见》（教高〔2012〕4 号）。文件提出，全面实施思想政治理论课课程方案，推动中国特色社会主义理论体系进教材、进课堂、进头脑。这一文

件标志着高校思政理论课程新一轮改革的开始。

加强党的领导,落实立德树人根本任务。新时代国际国内形势都发生了变化,国际竞争的核心聚焦于意识形态领域,在高校落实立德树人根本任务的过程中需要加强党的领导。

2013年8月19日至20日,全国宣传思想工作会议在北京召开。习近平出席会议并发表重要讲话,强调经济建设是党的中心工作,意识形态工作是党的一项极端重要的工作,宣传思想工作就是要巩固马克思主义在意识形态领域的指导地位,巩固全党全国人民团结奋斗的共同思想基础。[①] 高校作为意识形态的前沿阵地,其宣传思想工作的重要性不言而喻。2015年1月19日,中共中央办公厅、国务院办公厅印发《关于进一步加强和改进新形势下高校宣传思想工作的意见》,文件强调必须牢牢掌握高校宣传思想工作的领导权、话语权,巩固马克思主义在意识形态领域的指导地位,巩固全党全国人民团结奋斗的共同思想基础,落实立德树人的根本任务,培养德智体美全面发展的社会主义事业建设者和接班人。2016年1月,中共中央、国务院印发《关于加强和改进新形势下高校思想政治工作的意见》(中发〔2016〕31号),对进一步推进高校思想政治理论课课程改革创新提出了具体意见和工作部署。特别强调,加强和改进高校思想政治工作,事关办什么样的大学、怎样办大学的根本问题,事关党对高校的领导,事关中国特色社会主义事业后继有人,是一项重大的政治任务和战略工程。同年12月,在全国高校思想政治工作会议上,习近平重申,高校思想政治工作要坚持把立德树人作为中心环节,把思想政治工作贯穿教育教学全过程,实现全程育人、全方位育人。

全国高校思想政治工作会议后,北京理工大学党政领导班子牢固树立政治意识、大局意识、核心意识、看齐意识,坚决贯彻落实以习近平同志为核心的党中央对进一步办好高校思想政治理论课、加强高校马克思主义学院建设的决策部署,自觉在思想上政治上行动上同以习近平同志为核心

---

① 《习近平在全国宣传思想工作会议上强调:胸怀大局把握大势着眼大事 努力把宣传思想工作做得更好》,《人民日报》2013年8月20日第1版。

的党中央保持高度一致，坚决贯彻落实以习近平同志为核心的党中央对进一步办好高校思想政治理论课、加强高校马克思主义学院建设的决策部署。学校专门制定了落实《中共北京理工大学委员会关于推进思想政治理论课建设工作方案》。

政治理论课、加强高校马克思主义学院建设的决策部署首先要做到制度立规，落实学校在思政教育教学方面的主体责任。学校思政课建设领导小组统筹指导北京理工大学思想政治理论课建设工作方案，相关部门负责条件落实和制度保障，马克思主义学院负责具体组织实施。积极落实学校党委书记第一责任人责任，校长切实负起政治责任和领导责任，每学年分别到马克思主义学院至少召开1次现场办公会，听取工作汇报，解决实际问题；校党委（常委）会议和校长办公会每学期分别至少召开1次思政课专题会议，研究解决重点建设问题。把思想政治理论课作为重点课程、把马克思主义理论学科作为重点学科、把马克思主义学院作为重点学院，纳入学校发展规划，进行重点建设。在马克思主义学院建设、学科建设和教师队伍建设等方面给予经费和政策支持。

为贯彻落实党和国家对新时代思政课建设的重大部署，学校党委书记、校长亲自挂帅，关心思政课教学改革、思政教师队伍建设、马克思主义理论学科支撑保障等内容，多次调研学院思政课建设情况，深入联系学院教师学生，加大学校政策倾斜力度，从各方面为思政课建设保驾护航。学校党委书记、校长及各部门领导还结合自身学科背景和工作经历，走向思政课教学一线，成为新生"思政第一课"、校级"名家领读经典"等思政课的主讲人，受到师生们的热烈欢迎。

完善"大思政育人"格局，为思政课程建设酝酿良好氛围。在多年来整体统筹思想政治教育工作经验积累的基础上，逐渐形成了思政教育教学工作机制的"四个贯通"，即与学生日常思想政治教育贯通、与校史校情教育贯通、与社会实践贯通、与学生党建工作贯通。由党委统一领导、党政齐抓共管，既避免了单个部门在思政工作中孤军奋战、相互脱节的现象，也能突出学校特色，彰显了学校"延安根、军工魂"的育人传统和以首善标准立德树人的担当，切实做到全程育人、全方位育人、全员育人。

第 5 章 "05 方案"下的北理工思想政治理论课程的改革与创新

加强马克思主义学院建设,为思政课程建设提供机构组织保障。马克思主义学院是马克思主义理论教学、研究、宣传和人才培养的坚强阵地,是办好高校思想政治理论课的坚强战斗堡垒。2014 年 5 月,北京理工大学马克思主义理论教研部更名为马克思主义学院,承担学校本科生、研究生思想政治理论课教学任务,统一管理思政课教师,负责马克思主义理论学科建设、科学研究、研究生培养工作。2015 年 3 月,校党委书记赵长禄兼任马克思主义学院院长,强化党对于马克思主义学院建设的直接领导。2016 年 1 月,学院独立为北京理工大学二级机构运行,统一负责全校本科生、硕士生和博士生思想政治理论课教学任务,承担马克思主义理论科学研究、学科建设、研究生培养、教学科研人才梯队建设等任务。学院领导班子由党总支书记、院长、副院长共 5 人组成,职数合理,人员齐备,在学院建设中发挥了很好的作用。

依照教育部《高等学校马克思主义学院建设标准(2017 年本)》(教社科〔2017〕1 号)的要求,马克思主义学院不断完善机构与制度建设,设立学院教授委员会、学术委员会及教学指导委员会。2017 年,马克思主义学院增设"形势与政策教研室",至此学院共设有"思想政治教育教研室""中国近现代史教研室""马克思主义基本原理教研室""马克思主义中国化教研室""研究生思想政治理论教研室""社会实践教研室"以及"形势与政策"7 个教研室。各教研室负责所对应课程的教学组织工作,也承担提升青年教师教学能力的任务。2019 年,北京理工大学马克思主义学院成功入选北京市首批重点建设马克思主义学院。

重视基层党组织的建设,发挥基层党组织的战斗堡垒作用。学院设立 5 个教工党支部与 1 个学生党支部,通过班子成员联系支部制度、党支部书记抓党建述职评议等指导支部建设,做到教研室和党支部同步设置。学院党总支大力加强政治建设,坚持政治建设内容中心组、党支部、党员"三个"必学,增强"四个意识",坚定"四个自信",做到"两个维护",确保中央和上级决策部署落地生根。基层党支部形成"一党委一品牌、一支部一活动"的活动特色,打造出明理共进的党建品牌。通过组织党员参观李大钊纪念馆、开展国庆系列教育等活动,帮助党员筑牢信仰之基;通过院士讲思政课、新生入学教育、走访学生宿舍等坚定学生理想信念；坚持教师每月半天理论学习，进行专题研究意识形态工作，切实以政治建设统领思政课程建设。

5.3.2 创新教学改革，提高思政理论课程的教学实效

思想政治理论课是落实立德树人根本任务的关键课程。为加强新时代高校思想政治理论课建设，2015年教育部修订了《高等学校思想政治理论课建设标准（暂行）》（教社科〔2011〕1号），印发了《高等学校思想政治理论课建设标准》（教社科〔2015〕3号）；2017年，为了加快提高思想政治理论课教学质量，教育部办公厅于2017年开展了思想政治理论课教学质量年专项工作，高效推进高校思想政治理论课建设的更好更快发展；党的十九大之后，为全面推动习近平新时代中国特色社会主义思想进教材进课堂进学生头脑，培养担当民族复兴大任的时代新人，教育部在2018年4月先后印发《新时代高校思想政治理论课教学工作基本要求》（教社科〔2018〕2号）、《加强新时代高校"形势与政策"课建设的若干意见》（教社科〔2018〕1号）。这些文件与活动，从新时代高校思政课的使命出发，对高校思政课的课程体系和考核体系作了进一步要求，对高校思政课的教学方式、组织领导、教师队伍建设等方面提出了具体安排和部署。

2019年3月18日，习近平主持召开学校思想政治理论课教师座谈会并发表重要讲话，强调办好思想政治理论课，最根本的是要全面贯彻党的教育方针，解决好"培养什么人、怎样培养人、为谁培养人"这个根本问题。习近平强调，推动思想政治理论课改革创新，要不断增强思政课的思想性、理论性和亲和力、针对性，要坚持政治性和学理性、价值性和知识性、建设性和批判性、理论性和实践性、统一性和多样性、主导性和主体性、灌输性和启发性、显性教育和隐性教育八个"统一"，[1] 为新时代高校思政课程建设提出新的目标要求。

---

[1] 《习近平主持召开学校思想政治理论课教师座谈会强调 用新时代中国特色社会主义思想铸魂育人 贯彻党的教育方针落实立德树人根本任务》，《人民日报》2019年3月19日第1版。

第 5 章 "05 方案"下的北理工思想政治理论课程的改革与创新

2019 年 8 月，中共中央办公厅、国务院办公厅印发《关于深化新时代学校思想政治理论课改革创新的若干意见》，对于全面贯彻落实习近平关于教育的重要论述和重要讲话精神、增强思想政治理论课的实效性等作出了专门部署。在新时代全面加强思政课建设的背景下，北京理工大学的思政课建设和发展迎来新的"春天"。

探索建设思政课程体系。马克思主义学院不断探索思政课程体系，一方面完善本科生、硕士生、博士生三个层次的思政课程，另一方面也通过选修课等形式拓展思政课程教育教学空间，尝试思政课程与课程思政的结合。

根据"05 方案"相关文件的要求，北京理工大学为所有本科生开设了"道德修养与法律基础""中国近现代史纲要""毛泽东思想和中国特色社会主义理论""马克思主义基本原理概论""形势与政策"5 门必修课，另有社会实践课程；为硕士生开设了"中国特色社会主义理论与实践研究""自然辩证法"两门必修课；所有博士生都必须学习"中国马克思主义与当代"。为满足新时代的要求，更好地发挥思政课程主渠道的作用，2019 年，在新修订的本科生教学计划中，加大"道德修养与法律基础""中国近现代史纲要"两门课程的学分，使课程设置完全符合教育部相关新要求。2020 年秋季，马克思主义学院为全体本科一年级学生开设了"习近平新时代中国特色社会主义思想概论"一课。2021 年秋季，为积极响应《教育部办公厅关于在思政课中加强以党史教育为重点的"四史"教育的通知》（教社科厅〔2021〕8 号），学院面向全校本科生开设"中共党史"选修课，配以相关慕课。

学校为硕士生开设思政选修课"马克思主义经典著作选读"，为所有文科硕士生开设必修课"马克思主义与社会科学方法论"，替代原来的"自然辩证法"，有针对性地提升学生的马克思主义理论修养和思想政治素质。各教学团队探索专题式教学方式，统筹组织本、硕、博思政课程，注重探索三个系列课程的区别与联系，做到由浅入深、层层递进。

同时，马克思主义学院教师还通过相关选修课程，延伸思政课程教学。他们开设的代表性选修课程有"中国古代兵器史""中国近现代历史

育心铸魂
——北京理工大学思想政治理论课建设史

人物""国际经济与政治""有效传播与社交技巧""西方文化专题""现代科学技术概论""科幻电影与哲学""逻辑与创新思维""四书导读"等。崔建霞主讲的课程"哲学思维与美善人生"2014年入选北京高校优质课程资源共享联盟。马克思主义学院响应北京市委教育工委号召，成为第一批推广"北京市名家领读经典"课程模式的高校；先后以"科技强国""国家安全"等为主题开设了具有学校特色的思政课延展性选修课"校级精品思政课"，聘请院士、专家、行业领军人物等共同打出组合拳，实现了合力铸魂、学校精心筑平台。名家引领，院士率先上讲台，阅读研讨，学生成长有舞台，拓宽了思想政治理论教学的途径。

经过多年的探索，马克思主义学院建设完成了本、硕、博一体贯通、必修课与选修课主辅结合的思政教育课程体系，其中贯彻着"思政课程+课程思政"的课程原则，形成了"思政教师+专家名师"的课程团队。

完善教学管理制度。马克思主义学院在学校教务部门系列教学管理制度的基础上、针对思想政治理论课程的特殊性专门制定相关教学管理制度，加强对备课、听课、考试、评教等教学环节的监督管理。

各课程组实施集体备课制度，严格落实教研室和课程组每月1次的集体探讨。为提升集体备课的针对性，开课之前，学院邀请学校相关领导、教务处、学工部、团委、保卫部等职能部门参加相关课程的集体备课活动，对大学生全方位"会诊"；为增强集体备课的规范性，学院深入开展"三集三提"活动，即集中研讨——提问题，集中备课——提质量，集中培训——提素质，整体提升学院教师的业务能力和育人水平；为加强集体备课的实效性，各教研室邀请全国教学名师、校外优秀青年教师等参加集体备课，进行教学示范，开展"手拉手"集体备课活动，实现老中青教师的传帮带。

学院建立听课制度，新入职教师要系统跟班听课1年之后方可独立承担教学任务，老教师每年要完成一定的听课任务，对于课堂现状随时督导。学院每年举办青年教师教学基本功培训，有针对性地提升教师的教学水平。

探索特色教学模式。利用新媒体手段、实施主体性教学模式，尝试创新教学形式，推进教学改革，形成有本校特色的教学改革模式——媒体环境下主体性教学模式，实施环节包括理论讲授环节、自我教育环节、网络教育环节、社会实践环节等。

课堂教学旨在通过马克思主义理论系统讲授，使大学生掌握马克思主义理论的基本知识和基本原理，提升大学生用马克思主义理论分析重大现实问题的能力，帮助他们树立正确的信仰。在理论讲授中，注重运用案例教学、经典著作研读、充实校史内容等多种方式，使学生从中领略其丰富的理论视野、丰富的知识领域和多样化的论证方式，从而更好地以理论作为分析武器，更好地理解复杂的历史和现实问题。理论讲授内容注入"延安根、军工魂"等文化资源，在中国近现代史教学中尝试"三史合一"原则，满足"90后"大学生的内在需求，体现国防军工人才培养的特点，以最佳学习理论、最有效传播理论和教学理论为基础，运用系统论的观点和方法，将校史、军工史、中国近现代史融入统一的教学内容体系，力求构建博大精深的马克思主义理论体系。

自我教育环节意在把思想政治理论课的学习由被动变主动，由接受变创造，由单向变多向，这种主导性传授和主体性学习相结合的教学方法避免了教师单向输入，注重平等互动，充分调动了学生参与课堂教学的积极性、主动性和创造性。其中，"学生讲师团年级汇讲"是一种重要形式，自2009年至今已经连续举办六届，涵盖"思想道德修养与法律基础"及"中国近现代史纲要"两门课程。"学生讲师团年级汇讲"鼓励学生发挥主动性，以专题演讲、问题辩论、视频展示等多种形式呈现思想政治理论课内容，对于表现优异的团队授予"优秀学生讲师团"的荣誉称号。

网络教育环节中，针对学校教师与学生的学科优势与知识特点，结合新时期大学生思想状况和特点，通过校企合作和多领域交叉研究，学院将严肃游戏引入思想政治理论课教学之中。在持续开展科学研究的基础上，继续开发严肃游戏"情商加油站"，游戏内容主要围绕大学校园生活、切实考虑大学生的实际需求，将思想政治理论课教学内容巧妙地融入其中，以游戏的表达传递思想政治理论课的教学内容。延伸搭建学习社区网络平台，探索推广模式，拓展了思想政治教育教学的新领域。2020年，为应对新冠肺炎疫情对教学的冲击，学院各教研室全心投入，提前设计教学方案，备好紧急预案，通过乐学、微信等平台密切联系学生，为他们排忧解难，最终圆满完成了全部教学任务，获得学生高度好评。

目前，依托"北京市互动媒体艺术工程技术研究中心""人才素质测评与培育虚拟仿真实验室""教育部高校思想政治理论课程网站共建团队"等教研教学平台，继续开发"职场演兵""校园安全"等严肃游戏应用于思想政治理论课教学及大学生素质教育，其他配合思想政治理论课程教学的严肃游戏也在酝酿研发中。

社会实践一是体现学校"大思政"的思路，调动学校各职能部门的资源优势，开展"德育答辩""德学理工计划""聆听智慧""党群零距离""学生讲形势"等活动；二是发挥思想政治理论课教学的理论优势，将思想政治理论课社会实践列为必修课程，纳入教务处正式教学计划，所有本科生必须参加，并将实践成果作为对大学生德育考评、党员发展和参选评优的依据，从而形成"制度化、基地化、国际化、专业化"的实践特色。在制度设计上，形成了"两级管理、全员参与、全程指导、答辩表彰"的实践教学模式。学校建立了一系列的社会实践基地，尤其建立了"北京理工大学—延安大学大学生思想政治教育社会实践联合基地"，每年都派学生实践团赴延安实地考察，寻访革命圣地，传承延安精神；在社会实践中，尝试人文性社会实践与专业性社会实践的结合，马克思主义学院与军工专业学院教师联合设计了既富有军工特色又符合思想政治理论课实践要求的主题，组织学生到各地军工企业现场体验和考察。从 2014 年开始，学校的思想政治理论课"体验式社会实践"开始向国际化发展，至今先后派出 3 个团队。由青年骨干教师带领优秀学生组成的调研小组，深入异国社会，选调研三周，亲身体验对比中外之间的差异，使学生通过生活境遇和人生体验的融合，真正感受和理解理论和知识的内在意义。学校已连续 6 年获评首都高校思想政治理论课学生社会实践论文评选活动优秀组织奖。

教学改革探索成效显著。经过多年探索，学校思想政治理论课程建设取得丰硕的成果。国家级教学成果有："思想道德修养与法律基础"被评

第 5 章 "05 方案"下的北理工思想政治理论课程的改革与创新

为国家级精品课程,并成功转型为国家精品资源共享课程;省部级教学成果有:张红峻、崔建霞入选教育部"精彩一课",北京理工大学思想政治教育网站入选教育部思政课程网站共建团队;思想政治理论课教师团队因整体教学素质过硬、科研能力突出获得北京市优秀教学团队的称号,"新媒体环境下思想政治教育教学理论与实践"获北京市优秀教学成果二等奖等。

其中,李林英的"思想道德修养与法律基础"获北京市精品课程,并成为国家精品资源共享课。杨才林等开设的"中国近现代史纲要"成为北京理工大学精品课程。李林英主持的"思想政治理论课智慧教育平台建设与教学改革实践"和崔建霞主持的"高校思想政治理论课'教材—案例—原著'三位一体案例教学模式的创新与实践"分别获 2017 年北京市高等教育教学成果奖一等奖、二等奖。李林英连任教育部马克思主义理论类教指委成员。崔建霞牵头的"思想政治理论课案例教学工作室"获首批北京市高校思想政治理论课"名师工作室"。2020 年,王立群主持的"重走长征路——理想信念虚拟仿真实验教学"、郭丽萍主持的思政课"社会实践"获评教育部首批国家一流本科课程。

值得一提的是,学院以学生为本,内容为王,依托新技术,探索高科技与思政课在新时代的巧妙融合,让思政课"活起来"。例如:2016 年,马克思主义学院基于 VR 技术开发"重走长征路"课程,通过 VR 技术模拟红军长征过程中地理环境、气候条件等。

这些教学改革成果产生了广泛的社会影响力。《教育部教育工作简报》2012 年第 70 期以《北京理工大学创新新媒体条件下思想政治理论课教育教学新模式》为题进行了报道。中国教育电视台、《人民日报》、《光明日报》、《中国青年报》等主流媒体对学院将 VR 技术应用于思政课的事迹予以广泛报道。2021 年,在各级领导的大力支持下,北京理工大学虚拟仿真思政课体验教学中心在良乡校区正式落成。该中心运用虚拟现实、人工智能、全息显示等技术,打造了集交互性、沉浸性、时代性和趣味性于一体的教学环境,结合教学规律和新时代大学生特点,设立了"知、情、意、信、行"课堂,打造跨越时空的沉浸式体验、多人交互体验、全息投影等体验教学模式，实现了思政课各门课程全覆盖、常态化与动态化相结合的长效运转机制。

5.3.3 加强马克思主义理论学科建设，为思政课建设奠定学科支撑

思想政治理论课程建设需要深厚的学养支撑和高水平的教师队伍，而学科是带动学术研究与队伍成长的重要条件。进入新世纪后，如何加强马克思主义理论体系研究、推进党的思想理论建设、巩固马克思主义在高等学校教育教学中的指导地位、加强高校思想政治理论课建设、培养思想政治教育工作队伍等任务变得更加迫切，马克思主义理论学科建设提上议事日程。2005年12月23日，教育部、国务院学位委员会印发了《关于调整增设马克思主义理论一级学科及所属二级学科的通知》，决定增设马克思主义理论一级学科及所属二级学科。根据2008年《国务院学位委员会教育部关于增设"中国近现代史基本问题研究"二级学科的通知》（学位〔2008〕15号），在马克思主义理论一级学科下又增设"中国近现代史基本问题研究"二级学科。这样，马克思主义理论一级学科下共设有6个二级学科，即马克思主义基本原理、马克思主义发展史、马克思主义中国化研究、国外马克思主义研究、思想政治教育、中国近现代史基本问题研究。马克思主义理论学科建设为思政课建设提供了有力的学科与学术支撑。

抓住学科发展的大好机遇，建设马克思主义理论学科平台。学校第十三次党代会提出重视马克思主义理论学科建设，人文学科要以建设马克思主义理论一级学科博士点为牵引。[①] 根据国务院学位委员会《关于下达2010年审核增列的博士和硕士学位授权一级学科名单的通知》（学位〔2011〕8号），北京理工大学增列马克思主义理论硕士学位授权一级学科点，由马克思主义学院承担学科点建设工作。目前，马克思主义理论一级

---

① 郭大成《解放思想 改革创新 激情进取 科学发展 全面开创高水平研究型大学建设新局面——中国共产党北京理工大学第十三次代表大会工作报告》，《北京理工大学校报》2009年11月26日第1版。

第 5 章 "05 方案"下的北理工思想政治理论课程的改革与创新

硕士学科点已经形成了稳定的研究方向。

"马克思主义基本原理"方向研究马克思主义经典著作和基本原理，从整体上研究和把握马克思主义的科学体系。在分别研究马克思主义哲学、政治经济学和科学社会主义的基础上，重点把马克思主义三个主要组成部分有机结合起来，揭示它们的内在逻辑联系，从总体上研究和掌握马克思主义，侧重运用马克思主义立场、观点、方法来分析和认识社会现实和历史问题，尤其注重从马克思主义基本原理角度对新时代生态文明建设、经济金融高质量发展、坚定文化自信等问题展开整体性研究。

"马克思主义中国化研究"方向依托马克思主义中国化的经典文献，运用辩证唯物主义和历史唯物主义等方法，研究马克思主义中国化的理论成果、历史进程、主要经验、基本规律和重要意义。侧重研究习近平新时代中国特色社会主义思想的中英文版本文献，改革开放以来党的理论与实践的主题及其基本内容，新民主主义革命和社会主义初建时期党的理论与实践重要成果，在中国特色大国外交理论与政策、当代中国军工及其文化建设、当代中国政治理论与国家治理研究等方面形成了较为丰富的成果。

"思想政治教育"方向运用马克思主义立场观点方法，研究人们思想品德形成、发展和思想政治教育规律，培养人们树立正确的世界观、人生观、价值观。侧重研究思想政治教育的基本原理与方法论、新时代思想政治教育创新与发展、新媒体环境下思想政治教育教学、高校思政课教育教学、社会主义核心价值观培育等问题，尤其注重问题导向的基础理论研究、现代信息技术在思政课教学中的应用、国内外价值观比较研究。

"中国近现代史基本问题研究"侧重研究中国近现代史基本规律和经验教训、马克思主义中国化的历史背景，探讨中国近现代发展道路及"四个选择"的历史必然性，着眼"中国奇迹"背后的道路选择研究，尤其在马克思主义传播的历程与经验、马克思主义历史观宣传教育等方面有一定研究积累，基于中国特色社会主义伟大实践，开展国史、改革开放史的历史经验及现实启示研究。

为强化马克思主义理论在人才培养中的引领作用，2019 年学校在获批"学位授权点自主审核权"后，第一时间启动增列马克思主义理论一级学科博士学位授权点工作。在顺利通过校外专家评审、完成向国务院学位办报备博士学位授权点等工作后，北京理工大学马克思主义理论一级学科博士授权点于2021年起正式招生。

强调规范中有创新的建设原则，突出人才培养的北理特色。从研究生课程设置、人才培养流程制度、学科方向设置、研究论题选择等多方面严格学科建设的规范和要求。在公共必修课程中特别强调"学术道德与综合素质"课程学习。在专业课程中设置"马克思主义理论研究方法"，有针对性地满足马克思主义专业学生在方法性、学术规范等方面的需求，使学生深度了解本学科的研究规范，进一步加强他们在学术道德、政治方向等方面的素质。实施导师第一责任人制度，要求学生在论文投稿之前，导师严把学术规范关。为确保人才培养质量，学院专门成立了学术委员会、专业课程建设督导小组等机构，对于学科建设中的重要问题予以指导把关。

围绕学科研究方向，在整合研究力量、打造高水平研究团队的基础上，开展科学研究和学科建设，一定程度上形成了研究特色：一是对马克思主义理论开展了既有系统又有重点的教学与研究，包括马克思主义基础理论研究、马克思主义生态文明理论与实践研究、马克思主义市场经济建设以及文化建设的整体性研究等；二是对马克思主义中国化开展了与时俱进的学习研究，包括习近平新时代中国特色社会主义思想的中英文版本文献，改革开放以来党的理论与实践的主题及其基本内容，新民主主义革命和社会主义初建时期党的理论与实践重要成果等；三是对思想政治教育基本理论及方法进行了创新性研究，特别是在新时代思想政治教育理论研究和虚拟仿真实验教学方面取得了界内领先的成绩；四是基于马克思主义的基本立场和方法研究中国近现代史基本问题与历史经验，尤其在中国近现代民族国情研究、民生建设研究等方面成果较多。

探索创新研究生课程设置。以英版文《治国理政》为主要参考书，开设英文课程"中国化马克思主义理论"，实现理论素养与外语水平的双提升；在培养方案新修订中及时增加了"习近平新时代中国特色社会主义理论研究"，把中国特色社会主义建设新理论及时融入教学中，以更好地满足新时代马克思主义理论专业人才培养要求。

第5章 "05方案"下的北理工思想政治理论课程的改革与创新

"硕士资格考试"制度是马克思主义理论学科人才培养制度探索中一个尝试。为进一步提高研究生马克思主义基础理论水平，学院硕士生在硕士论文正式开题前，增加"硕资考"环节，即在第二个学期对学生进行基础知识的考核，包括专业基础和经典文献考察两部分内容。目的是增强学生对马克思主义基本原理和中国化马克思主义理论的掌握，抓好经典著作的学习研究，树立和提高读原著悟原文学原理的意识和能力。只有通过"硕资考"，才能获得开题资格。从近些年的实践来看，这一环节的设计大大推动了研究生学经典、用经典的积极性，学生自发进行多种形式的马克思主义经典著作学习交流活动，立足时代发展，挖掘探寻经典的时代价值，提升马克思主义理论素养。

在传承红色基因，争做时代新人的校情背景之下，北京理工大学马克思主义理论学科强调将"延安根、军工魂"红色基因融入人才培养计划。研究生党支部活动具有主题特色，他们与航天长峰等军工企业开展支部共建，深化了关于党对军工企业领导的认识，体验了军工人伟大实践，能够更好地弘扬军工精神；与新浪微博等开展支部共建活动，深入学习贯彻习近平新时代中国特色社会主义思想和党的十九大精神，共同推进马克思主义大众化发展；所有马克思主义学院研究生在校期间都需要赴延安进行为期一周的红色实践活动，使学生们筑牢信仰之基、补足精神之钙、把稳思想之舵。在校学习期间，学生们还要担任本科思政课的助教，赴各专业学院做兼顾辅导员，参与课程思政、学院党建、青年党课等工作，通过这些亲身参与，使他们成长为具有崇高理想信念、牢记使命担当、自信自立自强的青年一代。近年来人才培养取得很好的成效，1人获全国思想政治教育学科优秀硕士论文，1人入选北京高校研究生党员骨干培训班，多人获得北京高校马克思主义理论专业研究生新生奖学金、北京市三好学生、北京市优秀学生干部、北京理工大学优秀研究生、北京理工大学优秀研究生干部、北京理工大学德学骨干、北京理工大学优秀读书实践个人等荣誉称号。

坚持学科建设为教学服务，促进学科发展与课程建设的共同成长。马克思主义理论学科建设是思政课程质量提高、思政教师能力提升的学科支

育心铸魂
——北京理工大学思想政治理论课建设史

撑与学术支持。2015年,中宣部、教育部联合印发的《普通高校思想政治理论课建设体系创新计划》中提出"设立马克思主义理论一级学科,为思想政治理论课建设提供坚实的学科支撑"。2019年中办、国办印发《关于深化新时代学校思想政治理论课改革创新的若干意见》,明确提出要"进一步建强马克思主义理论学科""为思政课建设提供坚实学科支撑"。

北京理工大学的马克思主义理论学科发展也对思政课程建设形成有力支撑。一方面,学科建设有效促进了教学。学科建设最初设立的四个学科方向与本科生四门思政课必修课一一对应,学科建设提升科研能力,科研成果增强了课堂教学的思想性、理论性和启发性。由此,教师吸纳解析党和国家的新理论观点,及时总结社会主义建设的新实践成果,对于现实中出现的新问题给予理论分析和思想解惑,切实推进了研究型教学。另一方面,教学激发科研进而推动了学科建设。教学过程中教师需要及时解答学生的思想困惑,问题意识必然得到增强。比如,如何认识历史虚无主义的实质、如何理解国家国防军工事业的发展历程与未来趋势、如何正确认识爱国主义、新时代如何推进国企党的建设工作等,这些问题都成为教师的学术选题,助推教学团队科研能力的成长。

学科建设与教学团队成长相辅相成。一方面,学科平台促进思政课教师的自我提升,增强了团队的合力。在学科方向凝练的过程中,充分发挥了学科带头人、骨干教师的作用,尤其是在《资本论》相关研究、新媒体技术在思政课教育教学中的应用研究等学术领域内形成团队协同效应,从单兵作战到通力合作,围绕重大理论和实践问题,瞄准国家和省部级项目课题,共同论证、联合完成。近年来,马克思主义学院教师承担科研项目大幅度增加,其中包括国家社会科学基金、国家自然科学基金近30项,教育部项目10余项,其他省部级项目64项。出版专著、译著20余部,发表学术论文400余篇,其中多篇被SSCI、人大复印报刊资料、马克思主义理论学科年度报告等全文或摘要检索。另一方面,思政课教学团队科研能力成长,壮大了马克思主义意识形态理论研究与宣传队伍,带动了马克思主义理论研究水平提升,推进了马克思主义理论学科发展。

第 5 章 "05 方案"下的北理工思想政治理论课程的改革与创新

5.3.4 实施教师队伍建设计划，打造高素质的思政课教师队伍

思政课程作用不可替代，办好思想政治理论课关键在教师。"05 方案"实施以后，中共中央、教育部关于马克思主义学院建设、关于思政课程建设的文件和标准中都强调思政教师队伍建设的必要性以及任务和措施。2018 年，工业和信息化部也专门下发《关于部属高校制定思想政治工作队伍建设计划（2018—2020 年）的通知》（工人函〔2018〕274 号），对于包括思政课教学团队在内的思想政治工作队伍建设提出具体要求。2019 年 3 月，习近平总书记在全国思政课教师座谈会上提出思政课教师的"六要"标准，即政治要强、情怀要深、思维要新、视野要广、自律要严、人格要正。这是新时代党和国家对思政课教师的新要求。北京理工大学也加快了思政课教师队伍建设，形成一支有战斗力的教研团队。

制定促进思政课队伍建设的政策和举措。2017 年以来学校实施思政课教师队伍建设的"三单"政策，即在思政课教师人才引进、新晋教师聘用、教师职称评审等方面实行单列计划、单定标准、单独评审的政策，从制度上落实习近平总书记关于思政课教师的"六要"标准，满足思政课教师队伍建设的具体要求。学院在相关政策支持下，通过整合校内资源、聘请校外专家、择优返聘退休教师等政策，积极吸收优秀兼职教师资源，实现专兼职协同发展。针对思政课教学的特殊性，教务部和研究生院在本科生、研究生教改立项评审中也特别为思政课程开辟"绿色通道"，极大鼓励了教师探索新时代思政课教育教学改革，有助于做到以学生为本、以教学为本、以育人为本。这些举措为学院选优、配齐、建强教师队伍提供了有力保障。

构建高水平思政课教师队伍。培引结合，优化教师队伍结构。目前已形成一支以中青年为主、政治素养优秀、学缘结构合理、学历层次较高、充满活力的教学科研团队。到 2020 年，北京理工大学思政课教师团队共有专任教师 42 人，其中教授 9 人、副教授 15 人，具有博士学位者占比 97.6%，具有海外经历者占比 47.5%。教师多数毕业于北京大学、清华大学、中国人民大学、北京师范大学等高校，有 2 人来自海外百强大学。

育心铸魂
——北京理工大学思想政治理论课建设史

学院关心教师的成长和发展，激励他们投身思想政治教育教学，教师培养机制中重视在"基础、骨干、拔尖"三个阶段对教师进行分层培养；针对教师不同特点，鼓励他们在教学与科研之间有所侧重。多年来，队伍中不断涌现出在马克思主义理论研究与宣传、思想政治理论课教育教学中做出突出贡献的教师。

学院秉承延安自然科学院政治教研室的精神，强化"责任意识、阵地意识、问题意识"。按照"师德为先、教学为要、科研为基"的原则，学院将政治素质作为教师素质的首要方面，教师必须德才兼备，做到"守土有责、守土负责、守土尽责"，做到思想品德端正，职业道德过硬，责任意识强烈。自2009年马克思主义理论教研部成立以来，思想政治理论课教学课堂从未出现过教学事故，从未出现过学术不端现象。

学院一直把加强教师队伍建设列为工作的重中之重，特别是青年教师的成长。学院贯彻《北京理工大学青年教师能力素质提升实施办法》文件精神，在"基础、骨干、拔尖"三个阶段对青年教师进行培养。一是严把入口关，在招聘教师时严格按照中央文件精神和相关规定；二是做好入职培训，入职教师必须参加北京市高等学校师资培训中心统一组织的北京市高等教育岗前培训；三是做好职业规划，青年教师在入职的前两年可以不承担或少承担教学任务，为每个新人确定"指导教师"，参加各层次的相关培训，举办科研申报交流会等；四是合理使用与专项扶持，按照教学型、科研型、教学科研型将教师纳入其适合的发展类型，并实施"优秀青年教师资助计划""青年教师科研启动计划""青年教师教学改革资助计划"等；四是资助海外访学与学术交流，在学校支持资助下，马克思主义学院近年有多位教师赴海外访学，参加海外学术会议。

在良好的氛围下，学院教师对教学工作精益求精，多次在各类教师教学基本功比赛中取得优异成绩。在学校教务部门组织的学生评教活动中，马克思主义学院教师的评分较高，大多教师评分在90分以上，思想政治理论课评教的平均分高于全校所有课程的总平均分。在学生组织评选的"我爱我师"活动中，接近一半的思想政治理论课教师被评为"您是我心中最好的老师"。受马克思主义理论魅力的吸引和思想政治理论课教师人格魅力的影响，每年都有学生追随思想政治理论课教师、报考马克思主义理论学科研究生，成为马克思主义学院的硕士生。

探索思政课队伍建设路径。着眼学校服务国防军工的人才培养目标，针对马克思主义学院教师队伍整体年轻的特点，本着发挥北京理工大学学科优势的目的，在教师队伍建设方面，学院一直在探索适合自身发展的路径。

队伍建设强调坚持教学科研并重原则。为了增强马克思主义理论的解释力度、提高"90后"大学生对思想政治课程的接受程度，学院在队伍建设中贯彻教学为要、科研为基的原则，强调教师深厚的理论功底是搞好教学的基础，教师的科学研究要为教学服务。教学需求为科学研究提供实践动力，科研成果为教学工作增添理论自信。由此，在提升思想政治理论课堂效果的同时，也推助了教师的个人成长。马克思主义学院不少教师都既是教学能手，又是科研强手。李林英、崔建霞获授北京市教学名师，刘新刚获授北京市青年教学名师，郭丽萍、张毅翔先后获评北京理工大学教学名师。多位青年教师既主持国家级或省部级课题，又潜心教学，在北京市、工信部组织的各类青年教师基本功比赛中获得好成绩。

青年教师的成长事关团队的未来和希望，马克思主义学院针对学院青年教师比例高的特点，重视青年教师成长成才。一是充分利用、严格执行学校人事部门的相关政策与规定。马克思主义学院新入职的教师都要参加教育部、北京市组织的专项培训；同时，新进教师也要参加学校组织的教师职业培训，尽早掌握一些正确的教育理念和教学科研方法。学院也为每位新人确定"指导教师"，在师德和业务方面进行具体指导。二是学院每年都举办青年教师基本功比赛，40岁以下教师全员参加，通过参与观摩，提升教师教学技能。青年教师中涌现出全国高校思想政治理论课教学能手、北京市教学比赛获奖者等。三是学院坚持研究领域与国家重大需求相结合、个人成长与团队发展相结合、科学研究与教学实际相结合的原则，帮助青年教师结合原有学术积累，制定个人学术规划，帮助他们寻找研究方向，拓展研究领域。近年学院所获国家社科基金、教育部项目中，超过60%的课题为40岁以下教师主持。

育心铸魂
——北京理工大学思想政治理论课建设史

现代科研与教学强调团队合作、群体合力。学院立足学科基础、突出学校特色、凝练团队研究方向，形成自己的研究特色。比如，在新媒体环境下的思想政治教育教学研究方面，利用学校理工见长的学科特点，实现学科交叉研究，实现研究突破。研究中注重多学科交叉与融合、教学法的创新与探索、研究视角的开放与多样，已经开发研制出教学软件、尝试构建素质测评指标体系、逐步建立国内大学生素质数据库；在经典著作文本研究方面，以《资本论》文本研究为突破，实现对马克思主义经典著作文本的系统性研究。在研究中，以经典文本为基础，解答社会发展中一些热点难点问题，发掘马克思主义理论分析重大现实问题的理论魅力。在价值观形成与培育研究方面，着眼国家重大理论需求，研究中国现当代民族精神培育、民族认同、价值观澄清等问题，服务于大学生价值观教育、社会主义核心价值观践行等。在延安精神及军工文化研究方面，充分利用校史、校情中相关红色资源，结合学校在延安精神、军工建设方面的办学特色，服务于思想政治理论课教育、校园文化建设，满足学校军工人才的培养需求。

北京理工大学思政课教学团队在新时代得到高质量发展，涌现出多位教学科研名师，包括教育部马克思主义理论类教指委成员1人，全国"两课"百名优秀教师1人，全国思想政治理论课影响力标兵和影响力人物3人，北京市教学名师3人，首批北京市宣传文化系统"四个一批"人才1人，北京市社科理论人才"百人工程"1人，北京市高校"青年英才计划"1人，全国高校思想政治理论课教学能手1人，北京市思想政治理论课特级教授3人、特级教师5人，北京市社科理论人才"百人工程"培养对象1人，在教学科研、理论宣传等方面发挥着引领作用；有一批既善于教学又擅长科研的骨干教师，大部分主持或参与国家级和省部级课题项目，是学院和学科发展的中坚力量；有一批充满生机活力、具备巨大潜力的青年教师，教学基本功扎实，科研能力突出，构成了学院师资队伍发展的后备力量。

5.3.5 抓好教学科研平台，发挥思政课程团队的社会服务功能

马克思主义学院致力于打造各类教研平台，促进思政课教育教学改革，发挥教师的马克思主义理论研究与宣讲专长，服务中国特色社会主义文化建设。马克思主义学院的教学科研平台主要有教育部高校思想政治理论课程网站、北京市互动媒体艺术工程技术研究中心、北京市高校思想政治理论课示范点、北京市重点马克思主义学院、北京市协同创新中心（北京工业大学）、北京高校思想政治理论课名师工作室、工信部部属高校首个党建研究中心、全国高校首家军工文化教育研究中心等。

北京市互动媒体艺术工程技术研究工程中心的主要内容之一新媒体技术在思政课教育教学中的应用研究。该中心已开发国内首家思想政治理论课辅助教学的严肃游戏，也制作完成"重走长征路"VR虚拟仿真实验项目等。思想政治理论课案例教学工作室是北京市教工委资助的八个名师工作室之一，自获批资助以来，先后组织多次培训工作，并出版著作《走进马克思主义的另一种方式——案例解读》《新时代高校思想政治理论课案例教学指南》等。

马克思主义学院还负责北京理工大学军工文化教育研究中心、北京理工大学国企党建与发展研究院的建设任务。军工文化教育研究中心是培养军工文化专业人才的课堂、举办军工文化学术活动的载体，成员曾获国防科技进步二等奖1项，发表论文40余篇，出版专著4本，是特色类马克思主义学科建设的平台支持。国企党建与发展研究院实现了高校党建理论队伍与国有企业党建实践团队的联合攻关。利用这个平台，北京理工大学党建研究团队与中国电子科技集团、中国能源建设集团、中国铝业集团等联手，为国有企业，特别是国防科技工业企业发展提出解决方案，总结提炼高水平党建引领高质量国企发展可复制的模式。

这些平台不仅突破了学科界限，实现了文理交叉、多学科整合，也尝试展开跨学校、跨地区、跨行业的合作研究，推动了思政课师生接触和服务社会，更好地实现学以致用。

首先，这些平台直接推助了高校思政理论课教学改革的深入。教育部

高校思想政治理论课程网站共建团队所建立的网站在全国范围内开放，使得兄弟院校可以使用、借鉴、受益。新媒体技术在思政课教育教学中的应用研究成果已得到北京市委教育工委、教育部人文社科基金和北京市战略课题的立项支持，其部分教学科研成果已通过《教育部工作简报》向全国推广，具有一定辐射和影响力。"重走长征路"VR虚拟仿真实验项目在全国形成一定的示范效应，全国多所高校马克思主义学院和政府机关部门都曾派人前来学习观摩。

其次，这些平台实现着服务首都文化建设的功能。团队参与北京市协同创新中心的工作，探讨新形势下如何提升马克思主义理论学科、思想政治理论课建设水平，带动了京津冀地区高校思想教育教学与科研水平提升。北京市高校思想政治理论课示范点、北京市思想政治理论课名师工作室都在北京市思政课改革示范、教研成果传播分享、思政课骨干教师培训等方面发挥着不小的作用；北京市重点马克思主义学院平台建设中，学院教师发挥理论专长，在北京市街道、乡镇、社区等讲授专题党课数百场，形成相当大的社会影响力，为首都意识形态宣传工作做出应有的贡献。

再次，这些平台实现着马克思主义理论研究与中国特色社会主义建设实践的紧密结合。2016年10月，习近平总书记在全国国有企业党的建设工作会议上发表重要讲话，强调加强和完善党对国有企业的领导、加强和改进国有企业党的建设，坚定不移把国有企业做强做优做大，这为新时代开展国企党建提供了前进的方向。现实中，国有企业党建工作的开展中出现了许多创新实践尝试，需要学术界理论界迅速跟进，通过研究新实践和新问题，进而提出新思路和新理论。北京理工大学国企党建与发展研究院的研究团队分析国企党建与发展的内在机理，研究党的领导下实现国企高质量发展的科学依据，探索新时代国企党建理论创新与实践路径。作为一所具有国防科技特色和工程技术优势的学校，北京理工大学在80余年的建设中孕育了以延安精神和军工文化为特色的大学文化，北京理工大学军工文化教育研究中心的研究团队走访军工企业，调查军工文化建设情况，挖掘总结军工文化的历史、内涵和特征，为军工企业文化建设和大学校园文化建设提供学理支撑。2020年以开展北京理工大学80周年校庆文化建设专项工作为抓手，中心深入挖掘学校80年发展的光辉历程和历史资源，凝练"延安根、军工魂"的新时代丰富内涵和文化价值，为将学校特色文化融入人才培养提供理论能量和鲜活素材。

"05方案"实施以来，学校思政课在学科、教材、师资、课程等方面形成了标志性成果，培育了优秀的思政课师资队伍，教学质量进一步提升。党的十八大以来，以习近平同志为核心的党中央高度重视思想政治工作，采取一系列重大举措切实加以推进。学院把握发展机遇，成功申请北京市重点马克思主义学院和马克思主义理论博士一级学位点，学科建设迈上新台阶。学院坚持围绕立德树人的根本任务，大力推进教学改革，形成北理工特色，组建"名师工作室"，搭建全国首个沉浸式的虚拟仿真思政课体验教学中心，给予学生不同凡响的思政课学习体验。在新时代，北京理工大学思政课将继续发时代之先声，在时代中有所作为。

第6章 北理工思想政治理论课程建设的特色和经验

思想政治理论课是落实立德树人根本任务的关键课程。建校80余年来，北京理工大学思想政治理论课教育教学全面贯彻党的教育方针，围绕解决好"培养什么人、怎样培养人、为谁培养人"这个根本问题，开展马克思主义、毛泽东思想、中国特色社会主义理论体系，尤其是习近平新时代中国特色社会主义思想的理论教育。春风化雨，铸魂育人，思政课教育教学取得了显著的效果，为我国社会主义革命、建设和改革培养出大批政治信仰坚定的各类专门人才，尤其为我国的国防军工事业发展输送大量又红又专的高级人才。

身处"两个一百年"奋斗目标历史交汇期的当今时代，面对如何培养新时代担负民族复兴大任时代新人的历史命题，考察和总结建校以来思想政治理论课的发展历程与基本经验具有特殊重要的意义。

6.1 北理工思想政治理论课程建设的鲜明特色

作为中国共产党所创办的第一所理工科大学，北京理工大学具有光荣的革命传统，这是学校发展非常独特的政治优势，也是新中国创办高等理工院校极其宝贵的精神财富。长期以来，学校思政课建设积极贯彻和落实党和国家的重大决策和部署，求真务实，守正创新，形成了鲜明的学校特色。

6.1.1 坚持党的领导，落实立德树人根本任务

加强党对教育工作的全面领导，是办好教育的根本保证，也是办好思想政治理论课的根本保证。这事关"培养什么人"这一教育的首要问题，事关立德树人根本任务的落实问题。

学校特别重视党的领导在科技人才培养中把握政治方向的重要意义。早在延安时期，徐特立曾针对如何发展中国的自然科学问题强调说："前进的国家与前进的政党对于自然科学家不应该任其自发地盲目地发展，而应是有计划有步骤地发展。它不仅应该把握全国的政治方针，还应该把握全国科学和技术发展的方针。"[①] 他肯定了党对于科技发展方针的指导意义，这也意味着党对于科技人才培养的方向指引。在新民主主义革命时期科技人才的培养中，党的组织在思想教育方面已经发挥了党员和先进分子的先锋作用，延安自然科学院即在学员中开展理想信念、人生观的思想教育。中华人民共和国成立之后，这一传统得到发扬光大，学校坚决贯彻党的教育方针，坚持党对思想政治理论课教育教学的全面领导，思政课程组织建设在其中发挥着重要作用。

学校把抓好思政课程建设作为学校意识形态工作的重要组成。领导开展政治理论课一直是学校党委以及学校基层党组织的重要工作，思政课程建设改革是学校历届党代会工作报告不可或缺的关注问题。校党委对于思政课既宏观上引领指导，强调"按照 21 世纪经济和社会发展对人才素质的要求，继续加强和改进德育工作，充分发挥'两课'在德育工作中的主渠道作用"，[②] 也十分关注课程建设的具体关键性因素，强调"两课与人文社会科学"课群建设被列入学校"231"重点教改工程内容之一，[③] "建设政治过硬、师德高尚的思政课教师队伍，加强马克思主义理论学科建设"

---

① 徐特立《徐特立文集》，湖南人民出版社 1980 年版第 248 页。
② 谈天民《加强党的建设，团结凝聚全校力量为实现学校 211 工程建设目标而努力奋斗——中国共产党北京理工大学第十次代表大会工作报告》，1996 年 5 月 28 日。
③ 焦文俊《落实科教兴国战略 为创建国内一流国际知名的高水平大学而奋斗——中国共产党北京理工大学第十一次代表大会工作报告》，2000 年 7 月 10 日。

育心铸魂
——北京理工大学思想政治理论课建设史

等涉及课程改革、队伍建设的具体内容也被列入党代会报告的重点建设任务中。①

学校坚持领导统筹思想政治教育工作的机制建设。1951年学校专门成立了校政治课教学委员会,由教务处处长周发歧、院党总支书记李抗荪等8位委员组成,委员会负责审定政治课教学计划和课程内容,研究分析教学效果。以此为开端,学校一直设有思想政治课的领导小组,全面领导课程建设工作。新世纪以来,学校的"学校思想政治工作领导小组"负责全校思想政治理论课的组织领导与协调工作,小组组长由党委书记担任,校党委直接领导,校行政各相关部门负责实施,小组日常工作办公室设在思政课教学单位,小组统一协调落实思想政治理论课建设具体工作。

由此,学校的思想政治理论课程建设一直都在校党委的直接领导之下。1952年之后,北京工业学院设立政治理论课教研室,因这一教研室的特殊性,当时又被称为直属第一教研室,后来因课程变动,负责思政课程的教研机构先后有过马列主义教研室、人文社会科学部等,2009年之后,设立直属学校领导的思想政治理论教研部,后又成立马克思主义学院。在这一系列的思政课程相关机构完善中,学校始终在机制运行中坚持校党委对思政课程的直接领导。20世纪50年代的政治课教研室是学校建立的首批院直属教研组之一,教学业务归学校党委书记直接领导;1959年之后,随着学校规模的扩大,思政课程教学任务的增加,学校决定由专职党委副书记领导负责马列主义教研室以及思政课程;改革开放之后,学校特别下发文件,重申"加强对政治课教学的领导,建立和健全领导体制。马列主义教研室是系(处)级的教学单位,党委有一名副书记分管这方面的工作"。② 这些体制机制一直延续至今,在思政课程建设中发挥着党的组织领导作用。

---

① 张炜《凝心聚力 深化改革 加快建设世界一流理工大学——在中国共产党北京理工大学第十四次代表大会上的报告》,2015年5月26日。
② 《培养科技干部的摇篮——北京理工大学发展史》,北京理工大学出版社1990年版第234-235页。

6.1.2 重视协同育人，营造思政课程建设氛围

思想政治理论课是实施学生思想政治教育的主渠道，不过，仅靠思政课程教学很难满足大学生思想成长的现实需求，只有在学校思政教育的良好氛围中课程教学才能收到切实的教育效果。

首先，重视统筹调动全校力量构建"大思政"格局。在"学校思想政治工作领导小组"的统筹组织下，学校宣传、人事、教务、学工、团委、研究生院、财务、发展规划、科研、思政教学单位等党政部门与单位负责人参与思想政治教育。思想政治理论课的课程设置安排、教学改革实施、教师队伍建设、教学经费资源筹措以及教学相关学科建设等工作都得到学校各相关部门的大力支持，形成全校协同推进思政课程建设的良好氛围，使得思想政治理论课建设政策与举措可以落细、落小、落实、落地。

"大思政"格局之下，学校坚持把德育放在育人首位，1992年校党委、校行政提出"跨世纪德育工程"，制定了《北京理工大学德育实施纲要》，按照21世纪经济和社会发展对人才素质的要求、计划通过10年左右的时间初步建立起符合社会主义大学办学方针的行之有效的大学生德育体系。① 在这一良好的氛围中成长起来的德育课程起步良好、成效突出，在德育课程组的基础上创设发展起来的"思想道德修养与法律基础"课程组一直都是学校思政课教学中优秀团队，后在精品课程建设、学科领导人才培养等诸多方面都具有头雁榜样意义。

其次，形成学校领导登台讲授思政课的优良传统，形成良好示范引领效果。学校建校之初，各位校领导都亲自为学生讲授思政课，徐特立主抓学员的政治思想工作，他曾亲自讲授了联共党史、中共党史、马克思主义哲学等课程。50年代，魏思文也经常登上讲台，为学生作时政报告和讲授思政教育课程。新时代学校专门出台文件，使得校领导讲思政课更加制度化，张炜、胡海岩、赵长禄、张军、龙腾等校领导都坚持为学生讲授思政

---

① 谈天民《加强党的建设，团结凝聚全校力量为实现学校211工程建设目标而努力奋斗——中国共产党北京理工大学第十次代表大会工作报告》，1996年5月28日。

课，体现了党组织对于思政课的领导引航作用。

再次，重视业务教学与思政教育的相互融通，强调同向同行育人。作为一所理工科见长的高校，学校教师队伍中绝大多数为理工科专业优秀教学人才，面对这一具体校情，学校在各历史时期都在尝试用各种办法鼓励调动专业课教师参与到思政育人的工作当中。

20世纪五六十年代，学校推行教师全面负责制，强调每个教师都能在教学内容环节和课外活动等方面，开展学科业务教育，并对学生进行政治思想工作，要求每学期各院系都要总结提炼教师全面负责制的经验。[1] 改革开放之后，面对经济体制转型、社会主义市场经济发展的现实情况，学校又提出要把思政教育融入专业课程教学，鼓励教师在进行业务课程的教学中，注意进行热爱国防和专业的爱国主义教育，增强学生的责任感和建设国防的紧迫感，共同担负起青年学子健康成长指导者和引路人的责任。[2]

迈进新时代之后，为落实习近平总书记"守好一段渠，种好责任田"的要求，马克思主义学院配合教务部、研究生院推动全校课程思政的深入开展，梳理了专业课程所蕴含的思想政治教育元素和所承载的思想政治教育功能，建设课程思政示范课程，促进思政理论课与高校各类课程同向同行地发挥课程育人的协同效应，基本形成全校努力办好思政课、教师认真讲好思政课、学生积极学好思政课的良好氛围。

6.1.3 强调以德为先，服务"又红又专"育人目标

创校之初，李富春即提出"要培养出我党的第一代红色的科技人员"的办学任务，这就意味着学校培养的人才必须兼具扎实的专业能力和良好的政治素质。为此，学校必须贯彻思想政治教育与专业业务学习相结合的教育原则，发挥思想政治教育尤其是理论课在人才培养过程中的重要作用。

延安自然科学院确立了"革命通人、业务专家"的育人目标，学校非

---

[1] 魏思文《中国共产党北京工业学院党委会向第四届代表大会的工作报告》，1960年。
[2] 《从延安走来——北京理工大学的办学道路》，北京理工大学校史丛书第九卷，北京理工大学出版社2018年版第159页。

常重视学生政治素质的培养、政治理论课的学习。学生每周一天学习政治，系统学习马列主义理论，及时了解党的方针政策和阶段性任务，坚定理想信念，树立共产主义人生观；培养学生实事求是的思想方法，以辩证唯物主义的立场观点和方法认识世界、改造世界。

中华人民共和国成立之后，为满足培养社会主义革命与建设接班人的现实需求，党中央和毛泽东开始思考并提出了党的教育方针。1957年毛泽东在《关于正确处理人民内部矛盾的问题》中特别强调，"我们的教育方针，应该使受教育者在德育、智育、体育几个方面都得到发展，成为有社会主义觉悟的有文化的劳动者。"[1] 作为新中国第一所国防工业学院，承担着为国家国防建设培养高级专门人才的重任，因而特别重视学生献身国防、忠诚祖国的价值观念和思想品质。从1953年起，在全校范围内开展了以热爱国防专业教育为主要内容的爱国主义教育活动，提出了"培养红色国防工程师"的口号，希望"通过加强政治思想教育，培养学生具有共产主义思想觉悟和道德品质""把学生培养成'又红又专''一专多能'的工人阶级知识分子"。[2]

20世纪90年代，学校按照21世纪经济和社会发展对人才素质的要求确定了"以智养德、以德育才、德育为首、全面发展"的教育方针，实施了"跨世纪德育工程"。特别强调，要充分发挥"两课"即马列主义理论课和思想品德课在德育工作中的主渠道作用，帮助学生确立正确的价值观和人生观。[3] 在这样的背景下，学校全面修订教学计划，其中明确了"重点在基础，主干在课群，深化在内容"的课群建设思路，马列主义理论课和思想品德课成为校级"主干课群"的建设项目，取得良好的课程效果。北京工业学院的毕业生自觉服从国家分配，到祖国最需要岗位，献身国防事业，成为国防工业特别是兵器工业领域又红又专的骨干力量。

---

[1] 毛泽东《关于正确处理人民内部矛盾的问题》，《毛泽东文集》第7卷，人民出版社1999年版第226页。

[2] 魏思文《中国共产党北京工业学院党委会向第四届代表大会的工作报告》，1960年。

[3] 谈天民《加强党的建设，团结凝聚全校力量为实现学校211工程建设目标而努力奋斗——中国共产党北京理工大学第十次代表大会工作报告》，1996年5月28日。

新时代对标国家"两个一百年"奋斗目标，致力于"世界一流大学"的建设任务，学校始终坚持马克思主义在学校的指导地位，坚持用习近平新时代中国特色社会主义思想培根铸魂，致力于培养"胸怀壮志、明德精工、创新包容、时代担当"的领军领导人才。

6.1.4 锐意创新改革，探索思政课程特色改革

为了增强课程的吸引力和感染力、提升课程的针对性和实效性，学校探索思政课程改革，鼓励教师勇于实践尝试，形成品牌特色。

第一，贯彻理论联系实际的原则，重视理论学习与社会实践相结合。

积极参加生产劳动等社会实践活动是进行思想政治教育的必要途径。延安自然科学院强调政治理论学习必须与革命实际相结合，学生通过参加生产劳动和社会实践增进了对革命理论的了解掌握。北京工业学院也把思想政治理论教育贯穿到学生的社会实践活动中，通过下农村劳动实践、赴工厂实习实践，培养学生的热爱社会主义、忠诚国防事业的信心和信念。为了推进学生社会实践活动，学校还专门制定了《本科生参加社会实践的具体规定》，把社会实践纳入教学管理，每年都有计划地组织学生在寒暑期进行社会实践，在实践活动中了解基层社会，增强理想信念，深化思想教育，从而更好地为人才培养增添鲜红底色。

在"05思政课建设方案"实施之后，学校出台《中共北京理工大学委员会关于进一步加强大学生思想政治教育社会实践的实施意见》，学生社会实践一方面体现学校"大思政"的格局，利用学校各职能部门的资源优势，开展"德育答辩""聆听智慧""时事论坛"等活动；另一方面发挥思想政治理论课教学的理论优势，将思想政治理论课社会实践列为必修课程，纳入教学计划。马克思主义理论教学团队与学校团委等部门建构起"两级管理、三方联动"的实践教学体系，保证"全覆盖"的实践教学目标的实现，从而形成了"制度化、基地化、专业化、国际化"的实践特色，体现了"课内与课外的互通"。大学生社会实践团甚至走出国门，在中外对比中确立制度自信。

自1986年以来，学校连续10多年被中宣部、教育部、团中央、全国

学联授予"社会实践先进单位"的称号。自 2009 年起,在首都高校思想政治理论课学生社会实践优秀论文评选活动中,学校连续多年获优秀组织奖,指导学生论文获得了两个特等奖、3 个一等奖、3 个二等奖。2020 年,思想政治理论课社会实践还被评为首批国家一流本科课程。

第二,鼓励学生自主学习,实现自我教育与示范教育相结合。

大学生是具有强烈自我意识的群体,只有以学生为本,尊重学生在教学过程中的主体地位,让学生参与到教学活动中,才能取得课堂教学实效提升。学校在思政课教学改革中鼓励学生自我教育,把思想政治理论课的学习由被动变主动、由接受变创造、由单向变多向,充分调动了学生参与课堂教学的积极性、主动性和创造性。

"学生讲师团年级汇讲"是学生自主学习的一种重要形式,"学生讲师团年级汇讲"获奖团队代表学校于 2017 年 9 月参加北京市委教育工委举办的"北京市高校学生讲思政课公开课"现场展示获得二等奖,参加"全国高校学生讲思政课公开课"活动获得二等奖;本科生李众一团队还参加了人民网主办的"90 后心中的十九大"高校学生讲思政课展示活动,其演讲受到一致好评。

自主学习的另一种形式是学生微课,"中国近现代史纲要"课程组发挥理工科学生"技术控"的主观能动性,组织学生围绕课程的某一个知识点和小问题制作微视频,选题突出近代以来历史和人民是怎样选择马克思主义、选择中国共产党、选择社会主义道路、选择改革开放的重要大问题,强调历史与现实的关系,体现党史、国史、改革开放史和社会主义发展史学习的思想政治教育价值。因其表达形式、技术方式非常契合"00后"大学生的学习习惯与优势,这种融合自主学习、自觉参与、自我教育于一体的学生微课很受学生欢迎。

第三,坚持教改创新,探索信息技术与课堂教学相结合。

进行思想政治理论课教学,必须探索出符合教学规律、契合学生心理需求、满足学生现实需要的教学方法。学校高度关注信息技术发展改变思想政治教育的新形势,应对由此而来的新挑战和新机遇。早在新世纪之初学校即提出"积极探索学生思想政治教育进网络",[1] 在分析新时期大学生思想状况和特点的基础上,以李林英为代表的教研团队针对学校教师与学生的学科优势、技术资源与知识特点,在教学中引进严肃游戏、翻转课堂等教学形式,实现"课内与课外互通"。尤其是通过校企合作和多领域交叉研究,将严肃游戏引入思想政治理论课教学之中,开拓性地开发严肃游戏"情商加油站",以游戏形式表达传递思想政治理论课的教学内容,体现着"线上与线下互联"。借"双一流"大学建设之机,思政教学团队尝试以虚拟仿真技术研发"重走长征路"系统,实现了沉浸式、体验式教学探索的新突破,实现了"虚拟与现实互补",这一教学探索具有良好的前瞻性与创新性,产生了很好的社会影响。马克思主义学院成为教育部"高校思想政治理论课程网站"建设首批共建单位,获批教育首批虚拟仿真金课建设项目,在信息化技术与思想政治理论课深度融合方面在全国具有带动引领意义。这一教学成果曾获北京市优秀教学成果二等奖。

第四,突出学校特色,强调延安传统与军工精神相结合。

"延安根、军工魂"是镌刻进北京理工大学的红色基因,学校的思政课程建设十分强调发扬延安传统,弘扬军工精神。思政课程建设中尝试"三个注重",即:注重在课堂教学中校史校情进课堂,注重教学改革中校友故事入案例,注重社会实践中寻根励志回延安访军企。延安寻根实践活动中,安排学生聆听讲座、参观遗址、实地体验、现场教学、交流讨论、实地调研等环节;军企励志实践活动中,学生开展军工企业考察、军民结合调研、军工企业校友访谈等专项活动。

通过这些社会实践,使学生树立献身军工的理念,增强了家国情怀和担当意识,更坚定了承担民族复兴大任的理想信念;使学生提升了对中国特色社会主义的制度认同和道路自信,不少学生修完实践课程之后继续参与红色文化、军工精神的宣讲活动,分享传播实践收获。

第五,探索案例教学模式,尝试案例研究与案例教学相结合。

---

[1] 焦文俊《贯彻"三个代表"重要思想 落实科学发展观 为实现研究型大学建设目标而奋斗——中国共产党北京理工大学第十二次代表大会工作报告》,2004年8月29日。

第6章 北理工思想政治理论课程建设的特色和经验

思想政治理论课程需要系统地讲授概念、原理、规律等理论问题,实际教学中如果单纯运用理论讲授方法,有时会因片面强调内容的理论性、系统性而使教学内容远离现实生活,这既不能解决学生的思想困惑,更无法达成理论实际、学以致用的目的。这就需要在教学中引入案例,通过典型性的案例分析,帮助学生加深对原理的认识,提升以理论解读现实、以理论指导实践的能力。

学校思政课程教学一贯强调要具有现实需要针对性,战争年代的思想政治理论教学重视与新民主主义革命斗争和抗战建国相结合,建设年代的思想政治理论教学强调同社会主义革命和建设实践相结合。在多年案例教学研究的基础上,崔建霞领衔的教研团队成为北京市教育工委首批设立的高校思政课"名师工作室"之一,工作室研究高校思政课案例教学的基本理念,提炼高校思政课案例选编和解读的根本原则,确立高校思政课案例教学的基本操作步骤,提出了"教材—案例—原著"三位一体、独具中国高校特色的思政课特色案例教学模式。这一创新性教学成果获得北京市优秀教学成果奖三等奖,成为北京理工大学思政课教学的品牌之一,在推动北京乃至全国高校思政课教学改革方面发挥了示范辐射作用。

6.1.5 汇集多方力量,打造特色优秀教学团队

教育大计,教师为本。教师队伍建设是思想政治课建设工作的重要环节,是提高思想政治理论课教育教学质量的关键。延安自然科学院思政课起步时期,虽说有缺乏教师的困难,不过,当时的思想政治理论课教学具有得天独厚的优势条件——延安荟萃着一大批马克思主义理论学养深厚、革命实践经验丰富的党政领导干部。学校的领导人李富春、徐特立及中央组织部和宣传部的领导干部经常为学生系统讲授中国革命史、联共(布)党史、哲学、形势任务等课程,中央领导人朱德、陈云、林伯渠、叶剑英等也经常来校作形势和政策报告。[1] 这一传统在后来的学校发展中也得到

---

[1] 《从延安走来——北京理工大学的办学道路》,北京理工大学校史丛书第九卷,北京理工大学出版社2018年版第129页。

育心铸魂
——北京理工大学思想政治理论课建设史

继承发展,采取多种形式、汇集多方力量来建设思政课程教学团队,是学校一直十分关注的重要工作。

第一,坚持广开选聘渠道,充实壮大教师队伍。

解决政治理论课教师缺乏的问题,学校最初的解决办法有二:一是招贤纳士,聘请校外优秀教师来校任教;二是选才拔优,吸引本校青年才俊投身教学。华北大学工学院时期,曾邀请华北大学本部教学骨干陈辛人来校讲授新民主主义论等,后又请到复旦大学著名哲学教授杨一之来校讲授马克思主义哲学课程,同时来校任教的还有两位复旦大学年轻毕业生,由此组建了学校历史上第一个专职的思政课教学团队。中华人民共和国成立之初,为解决各校政治课师资缺乏问题,中国人民大学举办了马列主义理论师资培训班,北京工业学院在优秀在校学生、青年教师中选拔政治素质好、业务能力强的学员参加学习,这批学员回校后承担政治理论讲课任务,构成当时校直属第一教研组的主体成员。到1952年夏天,直属第一教研室所属中国革命史、辩证唯物史、政治经济学三个课程组已经拥有教师和助教共15人。[①]

吸纳接收外校人才与选拔培养本校优才相结合,这是北京理工大学长期以来思政课教师团队建设的主要途径。一方面,持续接收来自其他学校的骨干教师,接收著名高校的优秀毕业生;另一方面,从本校学生尤其是优秀学生干部中培养熟悉校史校情的思政教学人才。后来担任过学校党委副书记的李志祥、全国"两课"百名优秀教师称号获得者张红峻、北京市教学名师李林英等是本校选培成长起来的优秀思政课教师代表。

在教学团队建设中,学校发扬领导干部上讲台的优良作风,也鼓励其他优秀教职工参与到思政课程建设中,形成专兼职并重的教师队伍。新时代学校一方面充实专职教师队伍,推进教师引进与聘任工作,适度增加专职教师人数,从根本上解决教师不足问题,逐步落实思想政治理论课师生1∶350的比例配备;另一方面建设兼职教师队伍,尤其是选聘高水平专家、

[①] 《华北大学工学院史稿》,北京理工大学校史丛书第七卷,北京理工大学出版社2018年版第115页。

第6章 北理工思想政治理论课程建设的特色和经验

地方党政领导干部、企事业单位负责人、社科理论界专家、各行业先进模范和高校党委书记及校长、院（系）党政负责人、名师大家和专业课骨干教师、日常思想政治教育骨干等八支队伍走上思想政治理论课讲台，使思政教学团队力量充实、风格多样。

第二，重视教师培养，建设特色教学团队。

学校非常重视思政课教师的政治素质，政治立场是学校聘用教师的首要标准，师德师风是思政教师所在学院考核教师的第一标准。为提升教师政治素质，学校为年轻教师提供机会赴学校职能部门进行兼职锻炼，安排他们带班学生军训活动等。近年，学校制订文件、创造条件为教师提供多类型层次的业务培训，形成院、校、市、部等多层级的培训机制，组织教师延安寻根，重温党办高等教育的初心，安排名师示范讲授，帮助青年教师快速成长；学校有针对性地出台政策措施激励教师投身思政一线教学，在思政教师职称评定、表彰奖励等方面形成一整套的制度措施，思政教师队伍整体能力提升迅速，人才储备情况良好。

第三，抓住时代机遇，学科带动队伍成长。

在现代大学教育的发展过程中，教学与科研相统一是普遍认同的共识，二者如鸟之双翼、车之两轮，是相辅相成的关系，因为知识传播传授与知识创新创造相互促进、密不可分，思政课程教学团队的成长也需要教学与科研的比翼齐飞。随着思政课程"05方案"的实施，国务院学位委员会和教育部联合发出通知，决定增设马克思主义理论一级学科及所属二级学科。2010年北理工也设立了马克思主义理论硕士一级学位点，在壮大师资规模的同时也努力提升教师团队的专业化水平；2019年又成功申请马克思主义理论博士一级学位点，实现了学科发展的新突破。学科建设增强了教师的学科归属感与团队凝聚力，提升了教师的理论素养、职业热情和教学水平，促进了队伍的快速成长。

面对新时代所的历史机遇、应对国家未来发展的现实需求，学校已经形成一支坚持正确方向、师德高尚、业务熟练、结构合理的思想政治理论课教师队伍，整体素质高，业务能力强，其中涌现出教育部马克思主义理论类教指委成员、全国"两课"百名优秀教师、国家级青年教学名师、全国思想政治理论课影响力标兵和影响力人物、北京市教学名师、北京市青年教学名师等一批高层次人才。

6.2 北理工思想政治理论课程建设的主要经验

6.2.1 始终围绕党的教育方针，把握思政课建设的政治方向

中国近代大学教育的出现是从西方引进的，而不是中国内部自然发生的，故深受近代以来西方资本主义文化教育的影响。延安时期，中国共产党开始党办高等教育的探索，其中最具特色者即是以课程形式进行思想政治理论教育。中华人民共和国成立之后，开设思政课程、实施马克思主义理论教育成为社会主义大学的重要特征之一。在北京理工大学思想政治理论课建设历程中也可以看到，思想政治理论课一直是学校教育中不可或缺的关键课程，通过价值观念塑造，化育人心，在革命年代培养投身新民主主义革命、奉献于抗战建国的革命人才；革命成功之后，聚焦培养社会主义的合格接班人与可靠建设者。

作为一门关乎学校人才培养性质的课程，思政课政治方向的正确与否事关重大。为保证思想政治理论课的方向性，坚持党对思想政治理论课教育教学的全面领导至关重要。毛泽东高度重视党对教育工作的领导，特别注重思想政治教育工作。他曾说过："工、农、商、学、兵、政、党这七个方面，党是领导一切的。党要领导工业、农业、商业、文化教育、军队和政府。"[1] 习近平总书记也特别强调，"办好中国的事情，关键在党。各级党委要把思想政治理论课建设摆上重要议程。"[2] 北京理工大学历届党委都特别重视思政课教学工作，校领导经常深入思政教学一线，参加集体备课，深入课堂听课，甚至带头走进课堂讲课，推动思政课建设，提升思政课的教学质量。

---

[1] 《毛泽东著作选读（下）》，人民出版社1986年版第832页。
[2] 《习近平谈治国理政》（第三卷），外文出版社2020年版第331页。

如何在学校立德树人工作中发挥好思想政治理论课的作用，北京理工大学的经验之一是加强思政课教育教学的针对性，有效服务于学校育人目标。为此，如何在科技人才培养中坚持正确的政治方向、如何正确认识科技业务能力与政治素养之关系，一直是学校思政课教学中特别关注、直面解决的问题。早在华北大学工学院时期，校长曾毅就曾强调，"我们一贯坚持政治与技术相结合的观点，学习技术是为了完成一定的政治目标，学习政治是为了正确地指导所学技术的运用与发挥。"[1] 学校思政课教学一直坚持贯穿军工情、爱国心、报国志的化育培养，把"延安根、军工魂"等精神文化资源注入思政课教学内容，注重运用杰出校友和院士的光辉事迹作为案例，将校史、军工史、中国近现代史融入统一的教学内容体系，增强学生的红色基因传承，激励学生自觉投入坚持和发展中国特色社会主义事业、建设社会主义现代化强国、实现中华民族伟大复兴的征程中。

6.2.2 全力构建"大思政"的教育格局，营造思政课建设的良好氛围

塑造观念、价值养成是铸魂育人的伟大事业，也是系统谋划、协力而为的重要工程，须将思想政治理论课教育教学放置于学校整体育人的大格局中、放置于为党和国家培养接班人的大视野中，方能达成预期的目标、取得理想的实效。北京理工大学历来注重协同育人，在长期坚持教师全面负责制、全员参与德育等举措的基础上，形成了思政课小课堂同社会大课堂相结合的"大思政"格局，多方联动形成了"四个贯通"的特色，即思政课建设与学生日常思想政治教育贯通、与学生党建工作贯通、与校史校情教育贯通、与学生社会实践贯通。由此，在思政课程建设中实现了理念的转变。

贯彻思政课建设与日常思想政治教育相贯通，增强思政课的针对性。马克思主义学院经常聘请优秀辅导员、学工干部参与思政课集体备课，为

---

[1] 《从延安走来——北京理工大学的办学道路》，北京理工大学校史丛书第九卷，北京理工大学出版社 2018 年版第 90 页。

育心铸魂
——北京理工大学思想政治理论课建设史

思政教师作专题报告,详细介绍学情;同时,鼓励思政课青年教师深入学生工作一线,担任军训辅导员和班主任,亲身了解学生;思政课教师还参与到学生的德育答辩活动中,深度了解学生的思想动向。在这些活动中,思政课教师也发挥理论专长,为学生日常思想政治教育增添马克思主义理论的引导力。

实现思政课建设与学校党建工作相贯通,彰显思政课理论联系实际的特性。学校全体思政课教师赴各专业学院为师生讲党课,宣介党的方针政策,全面提升师生的党性认识和政治觉悟。思政课青年教师担任学生社团和学生党支部的理论导师,担任大学生创业创新项目、"世纪杯"、"挑战杯"等课外学术竞赛的指导教师,在教学相长中展现马克思主义的理论魅力。

重视思政课建设与校史校情教育相贯通,提升思政课的亲和力。思政课青年教师到宣传部等职能部门挂职,与学校职能部门党支部进行理论交流,以深入了解校情。全体思政课教师到校史馆参观,请校史专家专题讲授校史。在这些活动中,教师或直接或间接采集到丰富的教学案例,尤其是校史校友案例、军工国防案例等,将这些案例解读剖析运用到思政课教学中,生动地佐证着中国特色社会主义理论与实践的成果成效,也大大提升了学生对思政课的学习兴趣。

探索思政课建设与学生社会实践相贯通,推动了思政课的实践性。北京理工大学一向重视学生的实践能力,自 20 世纪 90 年代起多次下发文件指导推动学生实践活动,近年形成思政课社会实践的"制度化、基地化、专业化、国际化"的特色。全体思政课教师做学生社会实践的全程指导教师,使学生把所学理论和实践相结合,学以致用。"制度化"指"两级管理、全员参与、全程指导、答辩表彰"的教学运行管理制度;"基地化"指建立稳定的校外社会实践基地;"专业化"指组织学生到军工企业体验考察,既富有军工育人特色,又符合思政课社会实践要求;"国际化"指学校思政课"国外体验式社会实践",由青年骨干教师带领优秀学生组成调研小组,深入美国、德国、日本等国,调研 3 周,体验对比各国文化差异,深入理解中国特色,坚定"四个自信"。

6.2.3 致力探索有特色的教学改革，提供思政课建设的推进动力

思想政治理论课教育教学需要把融科学性、思想性、实践性于一体的理论体系转为学生的思想意识，进而成为他们的行动指南。这就需要开展思政课规律的研究，加深对思想政治理论课教学改革的探索，与时俱进、持续不断的改革创新是思政课教学实效提升的动力。

在教学改革理念更新方面，北京理工大学的思政课突出"一个中心"，即以学生为中心的教学理念，在"学为中心"的理念引领下，鼓励学生自我教育，充分调动学生参与课堂教学的积极性、主动性和创造性。"学生讲师团年级汇讲"就是其重要的表现形式，自2009年至今已经连续多年举办年级汇讲与学生微课等活动，学生以专题演讲、问题辩论、微视频展示等形式呈现思政课的学习成果。"一个中心"增强思政课的学生参与度和课程亲和力。

在教学内容体系转化方面，北京理工大学的思政课尝试"四个打通"，即：打通本硕博三个阶段的思政课，构建一体化专题教学群，发挥专题教学的优势；打通教材、案例与原著，发挥案例教学的优势；打通校史、军工史和中国近现代史，发挥问题式教学的优势；打通学校课堂与社会课堂，校内实践实行"5+1"方案，校外实践实现制度化、基地化、国际化、专业化，发挥顶层设计和层级组织优势。以"四个打通"提升学生的获得感。

在教学方法手段创新方面，北京理工大学的思政课探索"三维框架"。这一改革的切入点是实施思政课与信息技术的结合，尝试校内跨学科的资源整合，探索校内教学团队与校外研发机构的技术合作，建设智慧教育平台，研发严肃游戏和VR教辅系统"重走长征路"；把大学生的新媒体技术特长与思政课学习相结合，鼓励他们通过手机制作微课，提升学习兴趣，培养实践能力。由此形成"课内与课外互通、线上与线下互联、虚拟与现实互补"的三维立体框架，提升课堂教学的吸引力。

这一系列教学改革满足了学校人才培养的现实需求，突出了学校教学

资源的优势特色，形成了具有北京理工大学特色的教改成果。在思政课与新信息技术的创新结合，尤其是虚拟仿真技术在思政课教学中应用探索方面，北京理工大学在全国兄弟院校中走在前列，具有相当大的引领意义，2019 年这一成果成功申报国家金课建设项目；北京理工大学案例教学研究也颇有成效，在全国思政课案例标准制订等方面具有相当的影响力。这些成果多次获得包括中央电视台在内的媒体宣传报道，获得北京市教育教学成果奖 3 项。教改创新提升了课程的针对性、吸引力和亲和力，在学生评教活动中，思政课教学团队的评分较高，在学生组织评选"我爱我师"的活动中，大部分思政课教师被评为"学生最喜爱的老师"。

6.2.4 努力建设高素质的教师队伍，抓好思政课建设的关键因素

习近平总书记曾经说，办好思想政治理论课关键在教师，关键在发挥教师的积极性、主动性和创造性。北京理工大学是一所以理工科见长的高校，文科专业学科建设历史较短，相关教师资源也并不充裕，即使在这样的背景下，学校也一直设法通过内培外引、专兼结合等途径充实思政课教师队伍。进入新世纪之后，随着学校建设目标的不断提升，思想政治理论课教学团队建设得到迅速成长，其中，积累了不少队伍建设经验和有特色、见实效的做法。

一是严把师德关。学校始终将政治立场作为思政课教学队伍建设的首要指标，在新进教师的选聘工作中马克思主义学院党总支书记对于应聘者的政治素质与师德素养等进行重点考核，学校的新教师培训中也专门安排延安寻根红色铸魂之旅，切实把好师德入门关；在抓紧抓好中央相关文件精神学习、及时掌握马克思主义中国化最新理论成果的同时，学院坚持组织教师赴深圳、厦门等地展开社会调研，赴瑞金、遵义、雅安等地重走长征路，使教师更深切理解革命文化，深入了解中国特色社会主义伟大实践，进一步坚持对于中国特色社会主义的"四个自信"，做到真信、真学、真懂、真用。

二是通过得力政策推助思政课教师队伍的快速成长。鉴于思政课建设

第 6 章 北理工思想政治理论课程建设的特色和经验

的重要性、学校现阶段思政课队伍建设的特殊性，学校在一系列政策举措制定中针对思政课教师实行特别考虑，形成"三单"+"绿色通道"的推助模式。"三单"指思政课教师聘用和职称评审实行单列计划、单列标准、单独评审，"绿色通道"包括为思政课教师科研起动开辟"绿色通道"、本科生与研究生教改立项为思政课程开辟"绿色通道"等。在这些政策的支持下，北京理工大学的思政课教学团队规模不断扩大，思政课教师的精神面貌奋发向上，投身思政课教育教学积极性大大提高。

三是通过完善机构保障思政课教师队伍的组织培养。北京理工大学的建校历史上一直都有组织规范的思政课教学运行机构，早在 20 世纪 50 年代初期，华北大学工学院率先成立政治教研组，后北京工业学院设立政治理论课教研室，又称直属第一教研室，50 年代后期因课程变动学校将政治课教研室改称为马列主义教研室，统一运行全校的思政课程。改革开放之后，又在原来马列主义教研室的基础上组建人文社会科学部。2009 年随着"05 方案"实施，学校设置直属学校领导的、与其他二级院系行政同级的思想政治理论教研部。2016 年设立马克思主义学院，承担全校本科生和研究生思想政治理论课教学任务，统一管理思想政治理论课教师。新时代学校提出了高质量建好马克思主义学院、打造"思政金课"的新要求。思政课组织机构的实体化和规范化，为思政课教师的发展成长提供着可靠后方与组织依靠。

四是通过学科建设提升思政课教师队伍的专业水平。2005 年国务院学位委员会和教育部联合发出通知，决定在《授予博士、硕士学位和培养研究生的学科、专业目录》中增设马克思主义理论一级学科及所属二级学科，以推进党的思想理论建设和巩固马克思主义在高等学校教育教学中的指导地位，加强高校思想政治理论课建设、培养思想政治教育工作队伍。北京理工大学也高度重视马克思主义理论学科建设工作，在马克思主义基本原理、马克思主义中国化研究、思想政治教育、中国近现代史基本问题研究 4 个所属二级学科，集中部署学科带头人，积极凝练研究方向，形成了系统较为完备的学科体系和人才培养体系。2010 年，学院增列了马克思主义理论硕士学位授权一级学科点，在上述学科方向招收硕士研究生，并

育心铸魂
——北京理工大学思想政治理论课建设史

围绕学科发展制定完善科学的人才培养方案。在扎实推进硕士研究生培养的基础上，2019年学校成功设立马克思主义理论博士学位授予点，实现了科学建设的新突破。

学科建设有效带动了思政课教师队伍的科研水平提升。近年来，学院先后获批国家级课题30余项，教育部和北京市课题多项，在马克思主义理论学科的权威和核心期刊上发表学术论文多篇，巩固了各学科方向的研究基础。

学科建设也提升了思政课教师的教学水平，增加了思政课的理论阐释力和说服力。教师把科研成果渗透引入课堂教学，使学生能从教学中领略到马克思主义理论的理论视野和方法论意义，让他们在感受真理的魅力中自觉运用马克思主义理论分析重大现实问题，进而坚定信仰，树立正确的人生观。学科建设也增强了思政课教师队伍的理论宣传能力。近年来，北京理工大学优秀思政课教师上荧屏、下基层、进社区，推动习近平新时代中国特色社会主义思想的理论宣传。教师结合学科优势和自身特点，发挥专业优势，紧密联系中国特色社会主义建设成果，先后在北京市基层社区和国有企业进行理论宣传数百次，并通过人民日报、红旗文稿、求是网、法制网等主流媒体刊发文章，深入研究阐发习近平新时代中国特色社会主义思想的科学内涵和重要意义，对各类错误思潮给予充分抵制和有力回击。教师还发挥独特学术优势在国防科技工业文化、国企党建等方面为社会企业发展做贡献。

马克思主义理论学科建设10多年来，通过积聚学科力量、整合学术资源、以研究项目为纽带，极大提升了思政课教师的理论素养、教学水平、理论宣传和服务社会的能力。学科建设也增强了思政课教师的学科归属感，推动了一批学术带头人和骨干教师脱颖而出，现已形成了一支政治强、情怀深、思维新、视野广、自律严、人格正的思政课教学团队，储备培养了一批理论功底扎实的马克思主义理论后备人才，未来北京理工大学马克思主义思政课教师队伍必定会更加兵强马壮，思政课程建设将会再创辉煌。